Do You Qualify for U.S. Legal Status?

by
ANDRES Y. MEJER, Esq.

Translation by Tzvi Mejer

D1166731

Copyright © 2015 Andrés Mejer

All rights reserved.

Andrés Mejer & Associates, LLC

9 Memorial Parkway, Suite B

Long Branch, New Jersey 07740

www.AndresMejerLaw.com

(732) 962-6176

Disclaimer

The New Jersey State Bar requires that we inform you that the information in this book does not constitute legal advice. We are not your lawyers until you enter into a written agreement hiring us to represent you. We can offer suggestions, but please do not misinterpret anything in this book to be legal advice about your case. Each case is different and an attorney can only give you quality legal advice when they understand the specific facts pertaining to your individual case.

We must also advise you that the case studies presented in this book are based on real cases but the names have been changed and some details have been modified in order to provide educational examples. We make no representations that your results will be the same. Each case must be analyzed on its own merits.

Table of contents

Chapter 1

My Immigrant Story

I became an immigration attorney because this branch of the law fascinates me. It also allows me to help others in the way I wish someone had helped my family.

I was born in Santiago, Chile, as was my mother. My father is from Rosario, Argentina. My parents met and married in Israel. I grew up in a Spanish and Hebrew speaking home. I lived twice each in Chile, Israel, and the United States.

We first entered the United State as tourists in 1983 and overstayed our visas. We were undocumented until President Reagan passed a law allowing us to become legal residents. For nearly a decade we had no legal status. This meant my parents could not legally work and today in New Jersey wouldn't even be able to get a driver's license.

I will never forget the look on my father's face in 1985. I was coming back from the store and wanted to show my father the baseball cards mom had bought me. I walked into the kitchen and my father was on the phone and became very pale. His brother had called and told him their mother had died suddenly. He couldn't attend the funeral because, as an undocumented immigrant, he would not have been allowed back into the U.S. It is this type of terrible decision that immigrants face every day.

When the law changed, my parents went to someone they thought they could trust to help them achieve legal status. They were wrong. They paid thousands of dollars and got nothing. They were the victims of fraud, like so many others.

We finally did get our green cards in 1989. Then, in 1996, we left the United States never having filed for citizenship. We thought we could do it from our home country. After so many years of living in the U.S., we thought, of course they wouldn't deny us. We were wrong. I nearly lost my green card and some of my family members did lose theirs.

In 1998 I returned to the U.S. to finish college and in 1999 I became a citizen. That was not the case for others in my family. I immediately started filing the naturalization applications for my family but I couldn't afford to do them all at the same time. I started with my mother and then my brother. They got approved. I then filed for my sister. However, 9/11 happened and U.S. Citizenship and Immigration Services (USCIS) starting looking at things very differently. My sister's petition was denied and I didn't even have an opportunity to file one for my father. Why did my mother get it and not my sister? In my opinion, just USCIS's change of focus after 9/11. My parents are now considering coming back to the U.S. so, after almost 20 years living outside the U.S., we get to start the green card process over again. We would have to do the same thing for my sister if she wanted to come live in the U.S.

When I came back to the U.S. in 1998, I had no immediate family in the country. I left my then long-term girlfriend, family, and friends and came to the U.S. for a better life. I went back to Rutgers. I got a full time job during the day and took classes at night. I rented a room in a rooming house. I rode my bike to work and school because I couldn't afford a car. I was either at work, at school, or at the library seven days a week. I did this for over five years, graduating early from Rutgers University and Brooklyn Law School, where I met my wife Kimberly. We have two beautiful kids and live in Long Branch,

New Jersey. I am fluent in Spanish, Hebrew and English.

I became a speaker, author and attorney to help people like you avoid our mistakes. Education is your best defense. You must know your rights. If you qualify for a legal benefit don't wait, apply today.

I wrote this book to provide you with a basic but thorough understanding about immigration in the U.S. This information will help you become knowledgeable about the process so that you know what types of questions to ask your attorney and avoid becoming victims of fraud.

Chapter 2

Background on U.S. Immigration Law and Policy

You don't have to be a lawyer to understand basic immigration law and policy. There are four categories that people in the U.S. fall into, as explained below. Since a criminal conviction can complicate your immigration process,  the categories of certain crimes are also explained in this chapter. Applying these concepts can make all the difference in any immigration petition.

To begin with, let's look at the four types of immigration status that exist: citizens, residents, non-immigrants and undocumented. The characteristics of each status are explained below.

U.S. Citizens

These are people who were either born in the U.S. or who have become "naturalized" after three or five years as permanent residents. These citizens can never be deported, unless the citizenship was obtained through fraud. You can work legally and receive any public benefits you qualify for. In addition, you can petition for the legal status of your spouse, child, parent or sibling.

Permanent or Conditional Residents

a) Legal Permanent Residents (LPRs) are those who have a

"green card". A green card holder, or lawful permanent resident, is someone who has been granted authorization to live and work in the United States on a permanent basis. As proof of that status, you are granted a permanent resident card, commonly called a green card. You can become a permanent resident several different ways. Most individuals are sponsored by a family member or employer in the U.S. Other individuals may become permanent residents through refugee or asylee status or other humanitarian programs. In some cases, such as when your spouse can't or won't file for you, you may be eligible to file for yourself.

b) Conditional residents are those who have been married less than two years before their spouse applied for them. This type of residency also requires that you and your spouse jointly file to remove the condition within two years of receiving your green card or the card will be terminated and you will face deportation.

To convert your conditional status to permanent status, you will need to submit a Petition to Remove the Conditions on Residence (Form I-751), with supporting evidence and the appropriate fees, up to 90 days before your conditional residence status expires. If you apply before the 90-day limit, the application will be returned to you. If you fail to file before the two-year anniversary, your card and your conditional residence status will both expire and you could be deported. You have a three-month window to file your application. You must submit, in a timely manner, the application, the appropriate filing fee and any supporting evidence in order to qualify.

Both types of residents have permission to live and work permanently in the U.S. unless they are guilty of a serious criminal offense or some other immigration violation. If you are a resident, you can also petition for legal status for your spouse or child.

Generally, if you have been a lawful permanent resident for five years, you can apply to become a naturalized U.S. citizen. But if you were granted a green card based on marriage to a U.S. citizen, then you can apply after three years. Just because you received a green card doesn't mean you will automatically become a citizen. You have to show that you deserve it. If you were arrested for any reason, if you owe any taxes or have failed to pay child support you should discuss your matter with an immigration attorney before filing. See Chapter 12 for more details.

Non-Immigrants

People who fall into this category are in the country legally, but only on a temporary basis. Examples include:

- *students (F-1 visa)*
- *business visitors or tourists (B1/B2 visas)*
- *fiancées (K-1 visa)*
- *individuals granted temporary protected status.*

In general, recipients of these visas don't intend to immigrate. If the application is fraudulent or you overstay or otherwise violate the terms of the visa, your legal status will change to undocumented. Even so, a high percentage of undocumented immigrants came on legal visas (like my family initially did).

Undocumented

People who are in the country without permission, or illegally, are called undocumented. This means they do not have permission to live in the U.S. They are not authorized to work and they have no access to public benefits like health care or a driver's license.

Any person who is undocumented runs the risk of being deported or having deportation proceedings started against them at any time. This creates a highly stressful and unstable living situation.

There are two ways people can become undocumented. The

first, as was the case with my family, is to overstay a legal temporary visa. The second is to enter the U.S. without going through a port of entry.

Crimes and offenses

If you are not a U.S. citizen and are convicted of certain crimes or offenses there will be immigration consequences. Under U.S. Immigration laws, a non-U.S. citizen can be removed from the U.S. or be denied admission into the U.S. for a variety of reasons. Three major ones are:

1. Aggravated felonies (a felony conviction that can result in over a year in jail)

2. Crimes of moral turpitude

3. Controlled dangerous substance offenses

What is an aggravated felony?

An aggravated felony has devastating consequences because it can lead to immediate detention, removal from the U.S., prevent relief from removal, and creates a 20 year bar to coming back to the U.S. An offense need not be "aggravated" or a "felony" in the place where the crime was committed to be considered an aggravated felony for purposes of federal immigration law. Instead, an aggravated felony is any crime that Congress decides to label as such.

When it was initially enacted in 1988, the term "aggravated felony" referred only to murder, federal drug trafficking and illicit trafficking of certain firearms and destructive devices. Congress has since expanded the definition on numerous occasions, particularly under the Illegal Immigration Reform and Immigrant Responsibility Act of 1996, but has never removed a crime from the list. Today, the definition of aggravated felony covers more than thirty types of offenses, including simple battery, theft, filing a false tax return, and failing to appear in court. Even offenses that sound serious, such as "sexual abuse of a minor," can encompass conduct that some states classify as misdemeanors or do not criminalize at all, such as consensual intercourse between a 17-year-old and a 16-year-old.

In the words of the Supreme Court, immigrants convicted of an aggravated felony face the "harshest deportation consequences". As Congress ponders proposals to include even more crimes under the definition of aggravated felony, it must consider the extremely severe consequences that will result. The immigration laws include numerous provisions to ensure that criminals are not allowed to remain in the United States, yet also recognize that exceptions should be made in particularly compelling cases, especially when an immigrant's removal will create hardship for U.S. citizens. Once a crime is labeled an aggravated felony, however, deportation is all but assured and individualized determinations are rarely possible to make.

To view the description of crimes that are considered aggravated felonies under immigration law, go to the Immigration and Nationality Act (INA) § 101(a)(43). This list includes, in brief summary:

- *murder*
- *rape*
- *sexual abuse of a minor (which can include statutory rape)*
- *drug trafficking*
- *trafficking in firearms or destructive devices*
- *various other offenses concerning firearms or explosive materials*
- *racketeering*
- *money laundering of more than $10,000*

- *fraud or tax evasion involving more than $10,000*
- *theft or violent crime with a sentence order of at least one year*
- *perjury with a sentence of at least one year*
- *kidnapping*
- *child pornography*
- *trafficking in persons or running a prostitution business*
- *spying, treason, or sabotage*
- *commercial bribery, counterfeiting, forgery, or trafficking in vehicles*
- *failure to appear in court on a felony charge for which a sentence of two years in prison may be imposed*
- *alien smuggling,*
- *obstruction of justice, perjury, or bribery of a witness, if the term of imprisonment was at least one year, and*
- *crime of violence.*

This is not a complete list of potential aggravated felonies, and you should not attempt to evaluate your or anyone's situation based upon it.

What is a Crime of Moral Turpitude?

No one is charged with a Crime of Moral Turpitude (CMT). This is a catch-all. A crime can qualify regardless of level of seriousness of the charge, or the sentence imposed for it, or the circumstances surrounding the commission of the crime. If you were convicted, admitted to having committed or conspired to commit a crime that constitutes a CMT, you may be inadmissible into the U.S.

The problem is there is no clear definition of a CMT either by statute or case law. It generally refers to conduct which is inherently base, vile, or depraved, contrary to the accepted rules of morality and the duties owed between persons or society in general. It has also been described as morally reprehensible acts or those that are intrinsically wrong. A key factor is whether the crime involves a mental state or intent.

When deciding whether a specific crime rises to the level of a CMT, the Immigration Judge will review the language of the statute, the elements of the offense, and the record of conviction.

Case Study: Inappropriate sexual conduct

When Jose Moreno was 12, he allegedly touched a girl inappropriately. Ten years later, the girl tells her guidance counselor this and Jose gets arrested and charged with aggravated sexual assault of a minor. If he is convicted of this crime, immigration will consider it "sexual abuse of a minor", an aggravated felony. He would lose his green card and would be deported. If New Jersey criminalized a 17 year old for having consensual sex with a 16 year old, immigration would still consider it sexual abuse of a minor. In Jose's case, his criminal defense attorney requested our assistance. We recommended endangering the welfare of a child without any reference to sexual contact, which is not considered an aggravated felony.

This example is a CMT. Since his was Jose's only crime, ever, and because he had his green card for more than seven years before this crime, he won't be placed in removal hearings.

How can driving under the influence (DUI) or while intoxicated (DWI) affect my immigration process?

A New Jersey DUI/DWI conviction can lead to immigration consequences in two general areas:

1. If it causes you to be removable/deportable. Meaning you are in the U.S. and because of a New Jersey DUI/DWI you are removed from the U.S.; or

2. You want to apply for legal status in the U.S. and a New Jersey DUI/DWI conviction causes you to be inadmissible.

A DUI/DWI conviction is problematic because under U.S. immigration laws a DUI can be considered a crime of violence (a catch-all for aggravated felonies) or a CMT.

A "simple" DUI is neither a crime of violence nor a CMT. No DUIs are simple, but in this context it means there are no aggravating factors, such as car accident with significant injuries, drug possession, or multiple prior DUIs. At its basic level, the State has to prove in a simple DUI that:

1. You drove a vehicle; and

2. You were under the influence of drugs or alcohol while doing so.

The prosecutor doesn't have to prove you intended to drive under the influence, only that you did so. Without some intent a DUI isn't a CMT. Similarly, since DUIs are not on the list of aggravated felonies and since most DUIs in New Jersey do not result in jail for at least one year (a federal system requirement for a felony) and there isn't a "substantial risk that physical force against the person or property of another may be used in the course of committing the offense," a "simple" DUI isn't an aggravated felony.

Driving Under the Influence of Drugs

If you were driving while under the influence of a controlled dangerous substance you absolutely will have immigration consequences. In a drug DUI the prosecutor has to prove that:

1. You were under the influence of a controlled dangerous substance; and

2. You operated a vehicle while under the influence of that controlled dangerous substance.

Simply possessing a controlled dangerous substance can make you deportable or inadmissible. If you are convicted of that DUI there can be no mention of the controlled dangerous substance. The state lab report can't be admitted into evidence. Keep in mind, however, that immigration law is federal and the federal government has its own list of controlled dangerous substances. So make sure that any plea considers whether the drug is on the federal list, not just what New Jersey considers a controlled dangerous substance.

Case Study: Driving under the influence

Alberto was smoking a joint while driving to his friend's house. He stopped at a furniture store parking lot after hours to check the GPS on his phone. An officer stopped to see if he needed help and smelled the marijuana. He arrested Alberto for driving under the influence of marijuana. We were able to get the DUI dismissed because the officer couldn't prove when he smoked the joint, before or after he stopped the car. Details matter!

Convicted for a DUI while driving with a Suspended License

Driving with a suspended license in New Jersey and being charged with a DUI, creates a situation with an aggravating factor because you knew your license was suspended and drove anyway. That is a culpable state of mind and will be considered a CMT.

It may also be considered a "crime of violence" under limited circumstances. In August of 2011, it was determined that driving with a suspended license qualifies as a fourth degree crime in New Jersey if you drove during the suspension period and after having been convicted of two or more DUIs. Alternatively, if you are charged with driving with a suspended license twice and the suspension was due to a single DUI, you can also be faced with a fourth degree crime. If convicted of this fourth degree crime, you will go to jail for a minimum of six months and as much as 18 months. This conviction is most certainly a CMT and it may be considered a crime of violence (a category of aggravated felony) since you can spend more than 365 days in jail.

Case Study: Suspended license

Federico Gonzalez was behind on his child support payments. Unbeknownst to him the motor vehicle commission suspended his New Jersey driver's license. Saturday night, after leaving the restaurant where he works, he had a couple of drinks with his co-workers then got in the car to drive home. He got pulled over and charged with a DUI and driving with a suspended license. If he is convicted of both these charges, they would be considered a CMT because he had knowingly driven his car with a suspended license. But in this case the Motor Vehicle Commission suspended his license before mailing him the notification. As a result, he won't be convicted of driving with a suspended license.

DUI with a Child in the Car

Child endangerment is a serious offense in New Jersey. Normally we are talking about abuse, neglect, abandonment, or some level of mistreatment. In the DUI context the facts will be similar to:

1. Operating a vehicle;

2. While under the influence of drugs or alcohol; and

3. Having children in the car

This is an aggravating factor that can turn a "simple" DUI into a CMT. You will have immigration consequences if you are convicted of both the DUI and the child endangerment. Child endangerment requires a criminal state of mind. You knowingly put a child in danger to be convicted of this offense. It is thus considered a CMT. Depending of the severity of the charge it may also be considered an aggravated felony. Under these circumstances, the child endangerment charge becomes the more problematic charge from an immigration perspective.

If you are convicted of an aggravated felony, regardless of your immigration status, you will find yourself in removal proceedings. Similarly, a CMT can have serious immigration consequences depending on your status and when the crime occurred. One of the key factors in determining whether a person will be granted residency or citizenship is proof of good moral character. This means that officials will be looking for evidence of wrongdoing such as misdemeanors or crimes.

Chapter 3

Family Based Petitions

Family based petitions make up about 60% of all immigration applications. It is a two-step process that allows for the verification of your family relationships.

1. First of all, a family member needs to apply for you. Depending on who applies, you can either immediately change your status or wait for a visa to become available.

2. The second step is the actual changing of your status, which either happens in the U.S., through an adjustment of status, or outside the U.S. via consular processing.

Who can apply for me?

If an immediate family member applies for you, you don't need to wait for a visa to be available. Immediate family members are U.S. citizens who are:

- *Parents*
- *Spouse (even if the same sex)*
- *Child under 21*

If other qualifying family members apply for you, such as adult children or brothers and sisters, you will have to wait for a visa to become available. A more detailed explanation of this is found below.

People who don't qualify, in other words, who can't apply for you, include:

- *Grandparents or grandchildren*
- *Aunts or uncles, nieces or nephews*
- *Cousins*
- *Boyfriends or girlfriends (unless they intend to marry)*
- *Domestic partners*
- *Friends*

Once your relationship is approved you will either be eligible to immediately change your status (if an immediate relative applied for you) or will have to wait until a visa is available. In order to determine when your visa is available you must refer to the Visa Bulletin, which is updated monthly. If your petitioner is not an immediate relative, he or she must be one of the following. However, keep in mind that to be a "child" of a U.S. citizen you must be under 21 and not married. If you are 21 or over or are married you are no longer a "child" and are considered an adult son or daughter. As a reference, the November 2014 Visa Bulletin is included in the following section with an explanation of how to read it.

1. An unmarried adult son or daughter of U.S. citizens. Approximately 23,400 visas are issued annually.

2. A spouse or child of U.S. citizens. Approximately 114,200 visas are issued annually, divided into the following categories:

   2a. Spouses and minor children of LPRs. This category

makes up 77% of the visas given out to spouses and children.

2b. Unmarried adult sons and daughters over 21 of LPRs. Only 23% of the visas are allotted for adult children.

3. A married adult son or daughter over 21 of U.S. citizens. Approximately 23,400 visas are issued annually.

4. Brothers and sisters of U.S. citizens. Approximately 65,000 visas are issued annually.

How long will I have to wait for my green card?

The wait time for your green card varies depending on the preference and your country of origin. You can check the Visa Bulletin, like the one below, to see the wait time for your category and country of origin. The wait also depends on whether your sponsor is a citizen or an LPR. Since every country is allowed an equal number of yearly immigrants to the US, the wait times are long in countries where a lot of people want to immigrate to the US. China, India, Mexico and the Philippines are the countries with the most applications so they are listed separately. If a cell is marked "C" that means that the Priority Date is current in that Category and visa numbers are available. If a cell is marked "U" it means that no visas are available for the rest of the fiscal year (which ends on September 30). If a date appears in the cell, then that date signifies the visa "cut-off" date. Applicants must have a Priority Date that falls before the date listed in the cell in order to apply for a green card. This is a copy of the December 2014 bulletin. You can find the most recent bulletin at the Department of State website, http://www.travel.state.gov, by searching for "visa bulletin".

Family-Sponsored	All Chargeability Areas Except Those Listed	CHINA-mainland born	INDIA	MEXICO	PHILIPPINES
F1	22JUN07	22JUN07	22JUN07	15AUG94	15DEC04
F2A	22MAR13	22MAR13	22MAR13	01JAN13	22MAR13
F2B	22FEB08	22FEB08	22FEB08	01OCT94	15JAN04
F3	15DEC03	15DEC03	15DEC03	15NOV93	22JUN93
F4	22FEB02	22FEB02	22FEB02	01MAR97	01JUN91

Where do I adjust my status?

The second step requires the immigrant to apply for a change in his or her status. Depending on your circumstances you will apply either in the U.S. or abroad. If you applied for a visa in your home country and entered legally, whether with an I-94 or a stamp in your passport from Customs Border Patrol, you can likely adjust your status in the U.S.

If you didn't enter legally but qualify for the LIFE Act (expired on April 30, 2001) you can still adjust your status in the U.S if you pay a fee. See chapter 4 for a more detailed explanation of this process.

In order to adjust your status in the U.S., the priority date must be current, you must already be in the U.S. and one or more of the following categories must apply to you:

1. **Family member**. You either have an approved family based immigrant visa petition or are filing it at the same time as your adjustment of status petition.

2. **Employment**. You either have an approved employment-based immigrant visa petition or are filing it at the same time as your adjustment of status petition.

3. **Fiancé(e)**. Your fiancé applied for you to enter with a visa and you married him or her within 90 days of entering the U.S. If you were admitted as a dependent of your parents' fiancé visa, you may apply to adjust status based on your parent's status. If you married the U.S. citizen, but not within 90 days of entering the U.S., you can still adjust but now your spouse first has to file an immediate relative petition for you. If you did not marry the U.S. citizen fiancé who filed on your behalf, or if you married another U.S. citizen or lawful permanent resident, you are not eligible to adjust status in the U.S. Your spouse can still petition for you but you must adjust through Consular Processing.

4. **Asylee/Refugee**. You have been in the U.S. for at least a year after being granted asylum or refugee status and still qualify as an asylee or refugee or as the spouse or child of one.

5. **Diversity Visa (Lottery)**. You received notice from the Department of State that you have won a visa in the Green Card Lottery.

6. **Registry**. This means you have lived continuously in the U.S. since before January 1, 1972.

7. **Cuban**. You are of Cuban citizenship/ nationality.

If you can't adjust your status in the U.S., you will have to return to your home country and adjust through Consular Processing. This is the process where, as the recipient of an approved immigration petition (family, employment or other), you apply for an immigrant visa at a U.S. consulate overseas. The process involves two different government entities: the National Visa Center and a Consular Office under the Department of State. You must have an approved petition and a visa number available. If you accumulated any unlawful presence in the U.S. you could be subject to the 3- and 10-year bars.

What is unlawful presence? Is it the same as unlawful status?

Unlawful presence refers to a period you are present in the United States

1. Without being admitted or paroled, or

2. After the expiration of a period of stay authorized by the Department of Homeland Security (that is, your visa has expired).

Unlawful presence is relevant only for determining admissibility. The problem begins if you accrued unlawful presence of over 180 days or 365 days. You will be barred from returning for 3 years (if over 180 but less than 365 days) or 10 years (if over 365 days). These unlawful presence bars are commonly known as the 3- and 10-year bars.

Unlawful status, on the other hand, results when you violate the terms of the status Department of Homeland Security gave you. For example, if you were admitted as a student and worked without permission, you would be in unlawful status.

So, for example, if you are approved for Deferred Action, you cannot be accruing unlawful presence but that doesn't mean you have lawful status in the U.S. Moreover, if you accrued unlawful presence before achieving lawful status, you may still have a problem if you travel after this and then seek to return to the U.S.

What is the Provisional Unlawful Presence Waiver?

The Provisional Unlawful Presence Waiver is designed to forgive unlawful presence only. If you need other waivers, you may not qualify for this program. Since this is a very detailed program, you MUST speak to a qualified immigration lawyer before applying.

Originally, you had to leave the U.S. and apply for this waiver while outside the country. But this meant you ran the risk of not qualifying and not being able to return to your family for 3 or 10 years. As a result, many people didn't even try to apply.

But now the rules have changed and your U.S. Citizen spouse can apply for you and your waiver from within the U.S. You will still have to return to your home country to receive your immigrant visa at the U.S. consulate, but you will do so with the knowledge that you are likely to return as an LPR and won't be separated from your spouse for as long a period of time.

Do I qualify for the Provisional Unlawful Presence Waiver?

In order to apply for the Provisional Unlawful Presence Waiver, you must:

1. Be physically present in the United States;

2. Be at least 17 years of age at the time of filing;

3. Have an approved immigrant visa petition filed by a U.S. citizen immediate relative;

4. Have an immigrant visa case pending with the U.S. Department of State AND you have already paid the immigrant visa processing fee;

5. You accrued Unlawful Presence in the U.S., and are not inadmissible for any other reason; and

6. Prove extreme hardship to your U.S. citizen spouse or parent, and that your application should be approved as a matter of discretion.

Case Study: Different paths to a green card

Let's look at some examples of how Maria Maldonado, a Mexican national, could obtain her green card in different situations.

Example 1. Adjustment of Status

Maria entered the U.S. in 1998 and married a U.S. citizen. Because she entered the U.S. legally as a tourist, once the relationship is approved she can adjust her status in the U.S.

Example 2. LIFE Act

Maria entered the U.S. without permission by crossing the border in 1998. Her employer applied for her in 1999. Unfortunately, this employer went out of business in 2002 and never continued the process, even though the petition was approvable when filed. She is now married to a U.S. citizen and he applies for her. Because she qualifies for the LIFE Act, she can adjust her status in the U.S. by paying an additional fee.

Example 3. Consular Process with Regular Waiver

Pre March 2013

Maria entered the U.S. illegally in 1998, but no one applied for her before April 30th, 2011 so she doesn't qualify for the LIFE Act. However, her U.S. citizen husband now wants to petition for her. The only means available to her is Consular Processing. Because she has been in the U.S. for over a year without permission she is subject to the 10-year bar when she leaves the U.S. Once the relationship is approved she will receive notice to present herself at the U.S. consulate in Ciudad Juarez, Mexico. At her interview she will be advised that she is inadmissible to the U.S. unless she is approved for a Waiver. She will have to apply for the waiver and will then be given a second interview date. That could take 6 to 12 months in Mexico. If the waiver is approved, she gets a visa to return to the U.S. and will then be given a green card.

This two-step consular process is long and before Maria leaves the U.S. she has no indication of how her waiver will be handled.

Example 4. Consular Process with Provisional Waiver

Post March 2013

Maria entered the country as described in the previous example, but now, after March 2013, a new waiver is in place. After Maria's marriage to her U.S. citizen husband is approved, she files for the Provisional Unlawful Presence Waiver while still in the U.S. Because the only thing that makes her inadmissible is her unlawful presence and she can show extreme hardship to her U.S. citizen husband if she isn't allowed back into the U.S., the waiver is granted. She receives a date to present herself in Ciudad Juarez, Mexico. She is then granted a visa to come to the U.S. and, after going through the established procedure, receives her green card.

There is a shorter separation between Maria and her husband. Before she leaves the U.S. she knows that she will likely be coming back.

Chapter 4

Employment-based petition

Only 15% of immigrants enter the U.S. on an employment-based visa. Just like the family-based petitions, workers are ranked and given preference according to their skills. They are also categorized according to the priority dates and their  country of origin as found in the Visa Bulletin. There is a different Visa Bulletin for employment categories.

1. First preference is given to priority workers. These are workers with extraordinary ability in science, arts education, business, athletics, outstanding professors or researchers and multinational executives and managers. This preference is reserved for the truly exceptional, recognized experts in their field. This is the only employment-based preference that does not require a sponsor.

The next two categories require that an employer apply on your behalf and receive a labor certification. For certification, the employer must prove that there are not enough U.S. workers for your job and that employing you will not hurt the wages or conditions of employment for U.S. workers.

2. Second preference is given to members of professions holding advanced degrees or aliens of exceptional ability in science, arts or business.

3. Third preference is given to skilled workers, professionals and other workers.

These next two categories are narrow, but since the quota for them is almost never exhausted, they can be a quick way to obtain your green card.

4. Fourth preference is given to religious workers and long-term employees of the U.S. government.

5. Fifth preference is given to people who invest at least $1 million and employ at least 10 U.S. citizens for at least 2 years.

This is a copy of the December 2014 Visa Bulletin for Visa Categories. The most current version can be found at the Department of State website, *http://www.travel.state.gov* and searching for "visa bulletin".

Employment- Based	All Chargeability Areas Except Those Listed	CHINA - mainland born	INDIA	MEXICO	PHILIPPINES
1st	C	C	C	C	C
2nd	C	01JAN10	15FEB05	C	C
3rd	01NOV12	01JUN10	01DEC03	01NOV12	01NOV12
Other Workers	01NOV12	22JUL05	01DEC03	01NOV12	01NOV12
4th	C	C	C	C	C
Certain Religious Workers	C	C	C	C	C
5th Targeted Employment Areas/Regional Centersand Pilot Programs	C	C	C	C	C

In the majority of cases, green cards are issued to immigrants who are already in the country on nonimmigrant visas. This process is known as Adjustment of Status and allows you to stay in the U.S. while your application is being processed for an employment sponsored green card. The procedure is the same as with a family-sponsored green card, discussed in the previous chapter.

What is the LIFE Act?

The Legal Immigration Family Equity Act (LIFE Act), otherwise known as 245i, will allow you to get legal status from within the U.S., if you are the beneficiary of an approved petition. The way the law is today, generally an employer or qualified family member has to petition for you. However, if you entered illegally or overstayed a visa, your employer can't help you. If you entered illegally, your qualifying family member can petition for you but you will have to leave the U.S. and only after a potentially extended stay outside the U.S. will you be allowed to return and claim your green card. The LIFE Act would forgive the illegal entry if you qualify and pay a $1,000 fee. The problem is that the LIFE Act expired on April 30, 2001. Those that use it today are predominantly people who applied years ago, but their visa are only now becoming current.

The LIFE Act allows you to adjust your status within the U.S. even if you:

- *Entered the United States illegally;*
- *Worked in the United States illegally,*
- *Failed to maintain continuously lawful status,*
- *Entered under the Visa Waiver Pilot Program,*
- *Entered as foreign crewmen, and*
- *Entered as foreign travelers in transit without a visa.*

The entire petition must have been "properly filed."

For an immigrant visa petition, "properly filed" means that the immigrant visa petition was received by immigration prior to the close of business on or before April 30, 2001, or if mailed, was post marked on or before April 30, 2001. The petition must have the name of both the petitioner and yourself, the correct fee, and must have been signed by the petitioner. For a labor certification, "properly filed," means it was filed with the Department of Labor on or before April 30, 2001. The petition must also have been approvable when filed, that is, it met the agency's rules, the application had merit, and it was not fraudulent. For a family-based petition "properly filed" means the petition was filed properly, it had merit, it was not fraudulent and, when filed, the appropriate relationship existed between the petitioner and yourself.

If you meet these requirements, you can apply at any later time (even after April 30, 2001) when your immigrant petition is approved and a visa number is immediately available for you. If you qualify today, you can still apply and take advantage of this law.

Don't be a Victim of Fraud

Employment based petitions are difficult to achieve for most of the undocumented immigrants now in the U.S. Since the LIFE Act has expired, there is no way to forgive unlawful status or unlawful entry into the U.S. I have seen the following scenario too many times.

Case Study: Using "legal services" to obtain a work visa

Juan Perez is a Guatemalan national who entered the U.S. in 2002, after the LIFE Act expired. He has been working with Handy Man Construction who wants to help Juan, a key employee. Handy Man Construction pays thousands of dollars for legal services and they get approved for the Labor Certification. They then get approved for the employment based petition (form I-140) and Juan waits for years until his preference category is current. He then goes to an immigration attorney who advises him that he is a victim of fraud. Because Juan doesn't qualify for the LIFE Act his illegal entry or unlawful presence can't be forgiven. He has zero chance to adjust his status. He had zero chance to adjust his status when the petition was filed. He waited 12 years and paid thousands of dollars waiting for the day he could get his green card. Unfortunately, the law 12 years ago and today doesn't forgive his unlawful status or unlawful presence.

The only reason to file such a petition is to simply hope that the law will change before you can adjust your status. But I never advise my clients to plan on hope. If there isn't a method to change your status, you shouldn't spend the money today. If the law changes, the change may also make this process irrelevant because it may provide you a different vehicle to change your status.

Chapter 5

Diversity

The Diversity Program, or Green Card Lottery, accounts for only 4% of immigrants. This helps 50,000 people yearly and is run by the Department of State to diversify the range of countries sending immigrants to the U.S. Individuals apply in the fall and the DOS draws names of people who can apply for

visas at the U.S. consulate of their country.

The Diversity Program excludes the top 15 countries sending immigrants to the U.S.: Canada, Mexico, El Salvador, Haiti, India, Pakistan, China, Vietnam, the Philippines, Russia, Great Britain, Bangladesh, Brazil, Canada, Colombia, Dominican Republic, Ecuador, Jamaica, Nigeria, Peru and South Korea. It usually benefits smaller Asian countries (e.g. Bangladesh), African countries, countries with a small percentage of immigrants, and Western European countries (e.g. Ireland).

Case Study: Following instructions

You must carefully read the instructions before you apply for this program. Guy Farid is Azerbaijani. His brother Mika is in the U.S. on a student visa and helped Guy fill out the Diversity Visa petition. He was ecstatic to find out that Guy won the lottery. However, because Mika wasn't careful, he didn't include Guy's wife and child in the petition. The petition is now void for failure to provide proper information. Even a small mistake can have drastic consequences.

Chapter 6

Asylum

Asylees or Refugees are people who are fleeing persecution in their own country. They make up 12% of immigrants to the U.S. The difference between the two is that refugees apply for their status from outside the U.S. and asylees from within the U.S.

In order to qualify for this status, you must prove fear of persecution (torture, imprisonment, or physical abuse) in your home country because of:

- *Race*
- *Nationality*
- *Political opinion*
- *Religion*
- *Membership in a particular social group*

A "particular social group" refers to a group of people who share a characteristic that they cannot or should not be expected to change. The characteristic is something that is different about you and which will not be tolerated and invites oppression by a persecutor. For example, this may include your gender, class background, age, sexual orientation or a disability. Domestic or gender violence on an individual basis is not grounds for asylum. It must fall within a larger category, such as regularly persecuted social group.

If you fall into one of these categories you must also show the persecution is caused by the government or a group/organization the government is unwilling or unable to control.

There are also limitations on whether you can apply for asylum. You cannot apply if you have persecuted others, provided material support to a terrorist organization, received legal permanent residency in a third country prior to coming to the U.S. or previously filed for asylum and were denied. The asylee must apply within one year of entering the U.S. They can then apply for legal permanent resident status one year after being granted asylum.

Even if you meet the above requirements you are not guaranteed asylum. You must apply within one year of entering the U.S. Then you can apply for legal permanent resident status one year after being granted asylum.

Case Study: Religious persecution

George Ramirez has found G-d. He became an evangelical Christian pastor. He focused helping on Guatemalans kick their drug and alcohol habit through worship in G-d. He was good at it. He was changing people's lives. But he was too successful. The local *maras*, a corrupt criminal organization that is mostly catholic, didn't appreciate this missionary taking away their drug business. They ransacked his church. They harassed his congregants. When that didn't work, they started killing members of the church and leaving the bodies outside the building. The pastor called the police; they didn't even show up to the church to investigate. No one was arrested for the murders. When the pastor continued, the *maras* burned the church to the ground. Still the police did nothing. They didn't like the evangelicals either, they told him so. The *maras* next threatened the pastor and his family. Fearing for their life he came to the U.S. and was caught at the border. He filed for Asylum.

Pastor George is able to show that the Guatemalan government can't control the *maras*. In fact, local officials are known to be on the *maras'* payroll. Pastor George has plenty of evidence of persecution. He can even show that the persecution is based on a protected category, religion. Pastor George can show he is a good and moral person. Pastor George has a good claim for Asylum.

Chapter 7

Cancellation of Removal

This is a process you can only initiate if immigration is trying to deport you. It is a trial that is part of your deportation and removal defense. Only about 3,800 are granted per year. There are three different categories for cancellation of removal.

1. Lawful Permanent Residents. You must prove (a) that you have been a lawful permanent resident for at least five years, (b) you have resided in the U.S., after being admitted, for at least seven years and (c) you have not been convicted of an aggravated felony. LPR cancellation of removal usually occurs after and arrest and conviction.

For example, ICE is looking to terminate your green card and remove you from the U.S. You then assert this defense to remain by filing form EOIR42A.

2. Immigrants living in the U.S. without legal documents. You must prove (a) that you have lived here for ten years, (b) you have exhibited good moral character for the entire ten years, and (c) your spouse, child, or parent who is either a U.S. citizen or LPR will suffer "exceptional and extremely unusual" hardship if you are removed from the U.S. Examples of extreme and unusual hardship may be children with special needs or medical conditions.

As in the previous example, ICE is looking to remove you from the U.S. If you meet the criteria outlined above, you can assert this defense to removal by filing form EOIR42B. The benefit of filing quickly is to get employment authorization. With employment authorization you can apply for a Social Security Number and a driver's license.

3. An immigrant spouse or child who has been battered or subjected to extreme cruelty by a U.S. citizen or LPR spouse or parent. This is known as a VAWA cancellation of removal and will be explained in more detail in Chapter 9.

If you are a green card holder or married to U.S. citizen (or green card holder) and have suffered extreme cruelty, you either want to keep or have a way to achieve legal status. But what if you are undocumented and believe you qualify for non-lawful permanent resident cancellation of removal? How do you apply for this benefit? Districts vary, but most USCIS offices will not help you by putting you in removal proceedings so that you can assert your defense. So what to do?

Some attorneys will recommend you file an Asylum petition. If denied, you will then be placed into removal proceedings and can assert your defense. But this is a risky move. In New Jersey, it can take over two years until your hearing to determine if your asylum petition will be successful. You also run the risk of a frivolous determination that will prevent you from ever achieving legal status in the U.S.

We have had success with re-opening recent motor vehicle offenses, or using pending offenses. As strange as it sounds, we put you in jail for a day. By current Immigration and Customs Enforcement

(ICE) practice, that guarantees you an ICE interview and your being placed into removal proceedings. You can then file for non-lawful permanent resident cancellation of removal. You will get work authorization while you are waiting for your trial date.

Case Study: Father of autistic child

Adrian Sanchez has lived in the U.S. for over 20 years. He has three children who are U.S. citizens and under the age of 11; his youngest unfortunately is autistic and has severe disabilities. His son has an Individualized Education Plan through school and gets significant services. He owns his construction business, employing over 10 workers. He owns several homes, mortgage free. He has paid his taxes for the last 12 years. He is a fluent English speaker, although he has a slight accent. By all accounts he is a successful businessman, but he has a secret. He doesn't have legal status in the U.S.

Adrian was desperate. He lives in constant fear every time he gets behind the wheel that he will get pulled over and placed in jail. He tries to have his employees drive him, but with multiple jobs going on at the same time that isn't always possible. At a moment's notice he may have to run to school to get his son because of something he did. Adrian didn't get care anymore if he got deported, he just couldn't live this way anymore.

We filed a post-conviction relief motion to undo a traffic court conviction. The prosecutor was initially surprised that Adrian wanted to go to jail. But he understood the limitations of our immigration system, and agreed to allow Adrian to spend a day in jail. ICE interviewed him and he was placed in removal hearings. He has since filed for non-lawful permanent resident cancellation of removal and his employment authorization. He is awaiting his trial date. In the meantime, he has a valid social security card and driver's license. He is no longer in fear and awaits the day he gets awarded his green card.

Very rarely is this a recommended approach. You truly have to be desperate to volunteer yourself for removal proceedings. However, if you believe you meet the criteria and are willing to take the risk, this may be a quick method to getting yourself placed in removal hearings.

Chapter 8

U-Visa

This type of visa is designed as a tool for law enforcement to investigate and prosecute criminals and awarding the victim, who assisted law enforcement, with legal status. If successful, you will get non-immigrant status and can then apply for LPR Status.

Benefits of U-visa status include:

1. U status in U.S. for 3-4 years,

2. Employment authorization,

3. "Derivative" nonimmigrant U-visa status for a (non-abuser) spouse, minor children, plus the parent and siblings of a child victim,

4. The option to apply for permanent residence after 3 years,

5. Termination of any deportation process.

I love U-visas because they provide the rare opportunity to help an entire family. If the primary victim is in the U.S. and the petition gets approved, your immigrant children living abroad can receive permission to join you in the U.S. as a U-visa dependent child.

You qualify for this type of visa if:

- *You are a victim of a qualifying crime which occurred in the U.S. or under U.S. law,*

- *You can provide information about the crime, or be "helpful" to law enforcement,*

- *You have suffered substantial emotional or physical abuse, and*

- *You are admissible to the U.S., or eligible for a waiver.*

If you meet all these criteria you still need a Law Enforcement Certification (I-918, supplement B), signed by a qualifying agency. The Law Enforcement Agency determines that a crime occurred, that you were a victim and certifies whether you were, are, or are likely to be helpful. Next the agency checks to see that there are no immigration or criminal problems in your background and that you do not pose a threat to public health or safety. This condition may be waived if you can prove that it is in the public's interest for you to get a U-Visa. The agency (it can be police, sheriff, judge, prosecutor or any other administrative agency with capacity to investigate criminal activity, including EEOC) then issues a Law Enforcement Certification that states that you have been or will be helpful in investigation or prosecution of the criminal activity. Each certification must designate a certifying agent. This certification does not determine whether you meet the requirements for a U-Visa nor does it grant U-Visa status; that is reserved for USCIS' sole discretion. Once the certificate is signed, you must submit the application within 6 months of signing or it is no longer valid.

Qualifying crimes include:

- *Domestic and sexual crimes such as domestic violence, incest, sexual assault or abusive sexual contact;*

- *Trafficking, prostitution or sexual exploitation;*

- *Involuntary servitude, kidnapping or false imprisonment;*

- *More serious crimes such as murder, manslaughter, felonious assault, witness tampering, obstruction of justice or any attempt;*

- *Conspiracy or solicitation to commit any of the above-listed crimes are also covered in this definition.*

The level of abuse you, as a victim, suffered is determined by several factors and can affect the petition for a U-Visa. First of all the nature, severity and duration of the injury is evaluated. Alongside this, the harm suffered, including aggravation of an existing condition (or pattern of abuse) is considered together with the severity of the perpetrator's conduct. Finally, the seriousness of harm to a person's appearance, health, physical or mental soundness is taken into account.

If you were a victim of a qualifying crime you will be asked to help law enforcement at some point in time or to be available to help if required. Unhelpful behaviors include an active failure to cooperate; in other words, if you only report the crime and are not willing to offer continuous assistance or fail to show up at court proceedings to testify.

You must continue to be helpful when faced with a reasonable request for information before or after the U-Visa grant. The Law Enforcement Agency must inform USCIS of any refusal, even after the U-Visa is granted. Ongoing helpfulness is only relevant if it is still needed for investigation or prosecution. If the matter is closed, there are no continuing requirements.

Sometimes the crime against the victim is considered a closed case. Nevertheless, Law Enforcement certifications are appropriate even if the crime occurred years before the application. That the case is closed, the abuser failed to appear to court and it remains open or the abuser was deported are not a basis to deny a U-Visa. That the criminal case is closed is not a determinative factor in obtaining a U-Visa.

Case Study: Victim of assault

Juan Lopez was dating a Mexican woman with a mentally unstable ex-boyfriend. He was at her house one evening when the boyfriend came over and they almost got into a fight; she called the police and they left.

Several days later, Juan was having a drink with his childhood best friend. Their landlord joined them, followed by the landlord's nephew. Juan and his best friend went to buy more beer. When Juan returned, the nephew asked to borrow his cell phone. When the nephew came back to return the phone, he stabbed Juan three times in the chest and abdomen, miraculously missing any vital organs. It turns out the ex-boyfriend had put a hit out on Juan. The nephew was arrested and deported.

Juan was rushed to the hospital and physically recovered. But now he is not the same person; he lives in fear and doesn't drink. He doesn't like crowds so he doesn't go out.

He filed for his U-Visa and, based on the severe nature of his attack, quickly received work authorization and, ultimately, U-visa status.

Chapter 9

VAWA

The Violence Against Women Act (VAWA) prevents U.S. Citizens or LPRs from using their status to abuse, coerce, control or intimidate their family members. The VAWA allows you, as an abused person, to self-petition to achieve legal status without the abuser's knowledge or consent. It also grants you work  authorization, waives charges of unlawful presence and entrance without inspection, certain criminal charges and fraud or misrepresentation. You can then apply for lawful permanent status.

There are four types of candidates for Self-Petition under the VAWA:

1. An abused spouse of a U.S. Citizen or LPR (current or divorcee as long as the petition occurs within two years of the divorce).

2. The non-abused spouse of a U.S. Citizen or LPR, whose child is abused by the spouse.

3. The child of a U.S. Citizen or LPR.

4. The parent of an adult U.S. Citizen.

In order to meet the requirements for the VAWA your relationship to the abuser has to be close: a spouse, child or parent. Additionally, the abuser must be a U.S. citizen or LPR and the abuse must have occurred during the marriage or within the parent/child relationship (battery or extreme cruelty). You must have entered into marriage in good faith and lived with your abuser. You must still live in the U.S. and show good moral character.

The self-petition process involves a number of steps.

1. If you meet the criteria above, you must submit a self-petition and documentation of eligibility (lots of it).

2. After 4-6 weeks there is an initial eligibility determination based on the documents you provided.

3. Then, 6-9 months later, you will receive approval and eligibility for work authorization. If the VAWA is approved, it must be renewed every year, along with the accompanying work authorization.

4. Finally, after the VAWA is approved you may petition for your green card if you are "admissible" into the U.S. VAWA also provides waivers for many of the inadmissibility grounds that you would not otherwise be entitled to.

The key issue is the physical or emotional abuse you have suffered. To prove this you must supply a variety of documentation, including medical documents, psychological documents, police reports and notarized statements. 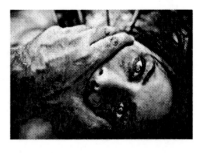 There is no set rule for how much documentation to prepare, every case is different. It is a combination of the quantity and quality of documents presented. The information must be organized and clear so the official can make a quick decision.

Case Study: Abuse and shoplifting

Alexa was married to a U.S. citizen and had two children by her husband. As a result her children were U.S. citizens as well.

Her husband was highly controlling and wouldn't allow her to work or leave the house. She could only go to the store if he took her and she had to be fast, or he would beat her. She was completely isolated and couldn't talk to her family or friends without being afraid that he would beat her. He constantly threatened to have her deported and take away her kids if she didn't do exactly what he said.

She lived in perpetual fear and finally suffered a stroke due to the stress. Even so, she never reported anything to friends, family or the police.

One day she went to the store with her kids and without her husband. Her daughter wanted a dress, but she didn't have the money. She was arrested for shoplifting and placed in Removal Hearings.

The officer noticed that something was out of the ordinary. It is a good thing he did. He was appalled when he heard what was happening. The shoplifting charges were ultimately dismissed. Alexa got help. She began seeing therapists and moved into a domestic violence shelter. She divorced her husband. She also filed for her legal status through VAWA – without her now ex-husband and was able to remain in the U.S. with her children. She is now a LPR.

Chapter 10

Special Immigrant Juvenile

If you are under 21 you may have an additional method to get legal residence in the U.S: Special Immigrant Juvenile (SIJ) status. But to obtain residence in this way you need to show that you can't be reunited with one or both of your parents because  of abuse, neglect, abandonment, or as state law allows. In New Jersey the death of a parent can be considered abandonment.

With SIJ status you can stay in the United States and eventually get lawful permanent residency (a green card). While you are waiting for your residency you will get a work authorization and, after that, you can apply for a social security number and a driver's license.

Obtaining residency in this manner is a three-step process:

1. You must obtain Special Findings in State court.

2. You then submit the findings to USCIS and request a SIJ visa.

3. If you receive this visa you can then go on to obtain LPR status in Immigration Court or through USCIS.

In order to qualify for this status, a State Court Judge must find you:

- *Are under 21,*
- *Are unmarried,*

- *Have been declared dependent on a juvenile court or placed by the court in the custody of an individual (like a step-parent or relative),*

- *Can't be reunited with one or both parents because of abuse, neglect, abandonment or similar basis under State Law (in New Jersey death of a parent can be considered abandonment) and,*

- *It is not in your best interest to be returned to your home country.*

It is a long process, but for some it is one of the few options to achieve legal status in the U.S., despite a recent entry.

Case Study: Victim in his home country

Jose Vazquez came to the U.S. as the result of persecution in his home country. He and his soccer team went to a neighboring town for a friendly match. The town was affiliated with a competing political group. A local gang came and accused them of certain political opinions. The whole team was attacked and Jose was shot trying to protect his friend. He almost died. Even though he survived, he may never be able to father children. He was 15 years old.

In the hospital he was threatened by a police officer if he reported the crime to the police. When he was released from the hospital he attempted entering the U.S. illegally and was caught at the border.

A prior attorney wanted to file for Asylum, which is hard to prove, but possible in his situation. After interviewing him, I realized he qualified for SIJ status, since his father was an abusive alcoholic who died from alcohol poisoning. Before he died, and while in an alcoholic rage, he shot a neighbor and attacked his family with a machete.

New Jersey law equates the death of a parent to abandonment. Jose has two options to achieve legal status, but of the two SIJ is his best option.

Chapter 11

Deferred Action

On Friday June 15, 2012, President Obama announced that he would stop deporting young immigrants who meet certain requirements. It is the role of Congress to pass laws and the President to enforce them. The President can't create laws, but he can modify the regulations currently in place that enforce the laws. So he ordered this program, Deferred Action for Childhood Arrivals (DACA), as a direct response to our broken immigration system.  It temporarily eliminates the threat of deportation for youths who would qualify. It is not amnesty. It is not immunity. It is not even a path to citizenship. It makes no sense to expel talented young people who want to staff our labs, start new businesses, and contribute to our country simply because of the actions of their parents.

There are approximately 2,100,000 youths nationwide who qualify for this program. They study in our schools, speak English, play in our neighborhoods, and pledge allegiance to our flag. They are Americans in their hearts, in their minds, in every single way but on paper. They were brought to this country by their parents—sometimes even as infants—and yet they live under the threat of deportation to a country they may know nothing about.

If approved, a participant would not accrue unlawful presence in the United States while the program is in effect; however, deferred action does not forgive any prior or subsequent unlawful presence. If you show "an economic necessity for employment", you will receive employment authorization during the program. You can also apply for a Social Security Number, driver's license, and permission to travel and re-enter the United States.

To apply for DACA you must show that you:

1. Were 30 years old or under on June 15, 2012;

2. Came to the United States before reaching your 16th birthday;

3. Have continuously resided in the United States since June 15, 2007, up to the present time;

4. Were physically present in the United States on June 15, 2012, and at the time of making your request for consideration of deferred action with USCIS;

5. Had no lawful status on June 15, 2012;

6. Are currently in school, have graduated or obtained a certificate of completion from high school, have obtained a general education development (GED) certificate, or are an honorably discharged veteran of the Coast Guard or Armed Forces of the United States; and

7. Have not been convicted of a felony, significant misdemeanor, or three or more other misdemeanors, and do not otherwise pose a threat to national security or public safety.

You will also have to complete a background check. It is imperative that you discuss this matter with a qualified immigration attorney before you apply to be sure that you are eligible.

Danger of Suspected or Actual Criminal Activity

Example 1: Suspicion of Gang Activity

You meet the requirements, but you were gang affiliated tattoos. You made a mistake when you were younger, but successfully left those you thought were your friends. You were never convicted of a crime, but you were arrested once with the gang. You were released and never charged.

This can still raise a red flag. According to the USCIS guidelines, you are eligible as long as you haven't been convicted of a felony offense, a significant misdemeanor offense, multiple misdemeanor offenses, or pose a threat to national security or public safety. This fact pattern may fall under the threat to public safety. You must show that you are a good and moral person. Your compelling factors have to be much stronger than the average applicant. You have to show that you are rehabilitated and have no involvement with the gang, and haven't for a long time. Don't ignore the issue. Include the rehabilitation in your application.

Example 2: DUI

You were pulled over after leaving a family party. You didn't think you were speeding or swerving, but you did have one last shot before driving home. At 2 a.m., on a quiet street, that last shot may have gotten you pulled over and arrested. You went to court and decided to plead guilty without speaking to a DUI attorney familiar with immigration law. You paid your fine and never got into any other problems. You don't even drive anymore.

You don't qualify for DACA. A DUI is considered a significant misdemeanor and an absolute bar to DACA. However, you may be able to reopen the DUI through a process called Post-Conviction Relief. It is harder and costlier then just fighting the DUI at the outset, but it can be done. If successful the DUI will not be an impediment to DACA. You must have a qualified DUI and Immigration attorney to help with your case.

Before you apply for DACA order your driver's abstract and criminal background. We have found orders of arrest for clients who failed to appear in court. We have found confusion in the criminal background containing wrong convictions or incorrect orders of arrest. If you have been convicted for a misdemeanor, research whether evidence of rehabilitation and other favorable factors will be necessary to balance out your criminal history. By ordering the information, you can communicate with the court to correct any problems before you apply. Your ability to correct issues is diminished after you have applied.

The program is individual to you. What this means is that every person must apply for themselves. For example, if your wife is granted deferred action, neither you nor your children will automatically receive any benefit. You would have to separately apply for yourself or your kids.

Obama's New Deferred Action 2014

On November 20, 2014, President Obama modified these requirements and created a new category for certain parents. This program is called Deferred Action for Parental Accountability (DAPA). Like DACA, it provides specific benefits to those who qualify. To prove that you that you qualify for DAPA, you will need to establish your identity, your relationship to a United States citizen or lawful permanent resident son or daughter, and your continuous residence in the United States since January 1, 2010.

Specifically, the program requires that applicants:

1. Have American born children or children who are legal United States residents born before November 20, 2014;

2. Have lived continuously in the United States since January 1, 2010;

3. Were physically present in the United States on November 20, 2014;

4. Did not have legal status in the United States on November 20, 2014; and

5. Have not been found guilty of a crime, significant misdemeanor, or three (3) or four (4) minor misdemeanors, and are not a threat to national security or public safety.

Obama's Executive Action also modified DACA removing the age requirement (meaning you can be older than 31 on June 15, 2012 and still apply), and allowing those who came to the United States after June 15, 2007, but before January 1, 2010 (same as DAPA) to apply.

The Temporary Injunction

Two months after the announcement of DAPA, on February 16, 2015, a Texas Federal District Court Judge, Andrew Hanen, issued a preliminary injunction temporarily stopping President Obama's Executive Action. The program has two components: Expansion of Deferred Action for Childhood Arrivals (DACA) which was scheduled to start accepting petition on February 18, 2015; and Creation of Deferred Action for Parental Accountability (DAPA) which was scheduled to start accepting petitions on May 19, 2015.

Judge Hanen's prior statements on immigration show that he was predisposed against allowing the government to exercise prosecutorial discretion in the immigration context. Given this judge's pre-disposition, the narrowness of the ruling is surprising. The Judge didn't find the program unconstitutional. Instead, he ruled that the government failed to properly follow the Administrative Procedure Act. This is a big deal as the government can address those alleged procedural issues. It is almost as if he was desperate for a way to block these initiatives and grasped any straw he could.

What are some examples of the Judge's language that points to a pre-disposition? The Judge focuses on the government's "failure to secure the borders" and accepts at face value the states claim of financial harm, without any evidence. Meanwhile, the Judge ignored all information showing the economic and social benefits that the expanded DACA and DAPA programs would provide. The Judge referred to the states cost of educating illegal alien children. However, the Supreme Court's <u>Plyler v. Doe</u> decision makes it absolutely clear that the Constitution requires providing education for all children.

The Judge stated that although the government may set enforcement priorities, it can't give those individuals work authorization. The Judge ignore an existing rule that covers DACA and DAPA: 8 CFR section 274a.12(c)(14), which does just that, "[a]n alien who has been granted deferred action, an act of administrative convenience to the government which gives some cases lower priority, if the alien establishes an economic necessity for employment." The federal government has challenged this ruling. I am confident the federal government will ultimately prevail and that DAPA and expanded DACA will be fully implemented, eventually.

This was not the first lawsuit challenging Deferred Action. In December 2014, U.S. District Judge Beryl Howell dismissed a challenge brought by Sheriff Joe Arpaio in Arizona. The Judge found that Arpaio hadn't shown the direct harm from the President's actions needed to maintain a lawsuit in federal courts. The most important point in the decision is that the judge agreed with the legality of the executive action, meaning it falls within the realm of prosecutorial discretion. That fact that the deferred action program represents a large class based program doesn't make it unconstitutional since it retains a case by case review. This decision was recently affirmed by the Court of Appeals.

In 2012 Mississippi challenged the legality of the DACA program in a case similar to the Texas lawsuit. The case was dismissed because the judge found the alleged economic hardship claimed by the state was speculative. Since then, studies have shown that the deferred action initiatives are economically beneficial.

While the government challenges the judicial objections to the DACA and DAPA programs, in the meantime, you should find out whether you qualify for Deferred Action or any legal status. If you qualify for any immigration benefit, you should talk to an attorney and get started. If you qualify for DACA under the 2012 guidelines, you can still apply. If you only qualify for DACA or DAPA under the 2014 requirements, you should begin preparing to apply by collecting the documents you need and making sure you aren't disqualified. Your best chance of success is preparation.

Can Deferred Action Help Me Get a Green Card?

Deferred Action is a temporary reprieve from deportation for a qualified group of immigrants. If they meet the criteria, the immigrant will get three years of work authorization (depending on the program) in addition to protection from deportation. This program needs to be renewed every two or three years. How can one use Deferred Action in order to achieve a permanent legal status?

For immigrants who have an immediate relative that can apply for their green card and entered the U.S. illegally, Deferred Action can be the first step to a permanent legal status. How? Well, first the immigrant must apply and receive Deferred Action, either DACA 2012, DACA 2014 or DAPA 2014. Once the deferment is granted they need to apply for what is called Advance Parole. This is a process whereby the immigrant is granted permission to return to the U.S. after visiting their home country. The travel is typically for a humanitarian, job, or educational reason. It can't just be, "I miss my family."

After Advance Parole is granted the immigrant must leave the U.S. Upon their return, the immigrant will be "admitted, inspected, or paroled" into the U.S. This gives them a legal entry into the U.S., even if they initially entered without inspection, which can be used as a basis for an adjustment of status application based on a qualified relationship to a U.S. citizen spouse, parent, or child over 21.

Case Example - Sergio

Take for example, Sergio. He was born in Chile but entered the U.S. without inspection in 2002. He is married to Magdalena a U.S. citizen and has two U.S. citizen children. His wife could today apply for his green card but because he entered without permission he would need to do consular processing outside the U.S. Because he lived in U.S. for years without permission, when he leave he would be subject to the 3 and 10 year bar that means he must apply for and receive a waiver to forgive his time in the U.S. without permission or he can't return for 10 years. He hasn't applied for that reason. He can apply for the waiver in the U.S., but just doesn't want to take the risk. So he stayed without legal status for over 10 years.

Sergio will now be able to apply for DAPA. Once he has DAPA he then applies for Advance Parole. President Obama announced on November 20, 2014 that Advance Parole is not counted towards the 3 and 10 year bar since the immigrant applied and received permission to return to the U.S. Once he returns to the U.S., his legal entry now allows his wife or his children (if one is over 21) to apply for his green card. Based on 2015 processing times, in 4 to 6 months after filing for his adjustment of status, Sergio could be a lawful permanent resident.

What about immigrants that are in process for the Provisional Unlawful Presence Waiver that President Obama initiated in March of 2013? This same process can be used for them. If the couple has difficulty showing extreme hardship to a U.S. citizen or Lawful Permanent Resident spouse or parent, they can use the Advance Parole to gain a legal entry and file for adjustment of status. This would be a longer process than someone that already is at the waiver stage, but for some this may be more certain.

As you can see, immigration sometimes requires some creative thinking to solve immigration challenges. Although for many Deferred Action is temporary relief, for every DAPA applicant, if the law doesn't change, each would ultimately be able to use Advance Parole and with a legal entry will qualify for a family based green card, at some point in the future.

Chapter 12

Naturalization

So, you have become a lawful permanent resident through one of the processes listed in previous chapters. Now you want to change that status for U.S. citizenship. This process is called naturalization.

The U.S. constitution gives many rights to both citizens and non-citizens; however some rights are reserved for citizens only. Both voting and eligibility for federal jobs are benefits of citizenship. It also affects your family since citizens get priority when applying to bring family to the U.S. and, generally, a child born abroad to a U.S. citizen is also a U.S. citizen. When it comes to travelling, a U.S. passport allows you to get assistance from the U.S. government when overseas.

When you take the Oath of Allegiance and become a citizen of the U.S., you give up all prior allegiances to any other nation or sovereignty and swear allegiance to the U.S. This means you promise to support and defend the Constitution and U.S. law and serve the country when required.

To apply for naturalization you must:

- *Be 18 years or older,*
- *Have been a LPR for 5 years, unless you are married to a U.S. citizen, in which case you only have to wait 3 years,*
- *Have been in the U.S. for 30 months (of a total of 60 months)*

during your 5 years as an LPR. Or, if you are married to a USC, then you must have spent 18 months in the U.S. during the last 3 years (or 36 months),

- *Have lived in the state or district where you begin this process for the 3 months before you apply,*
- *Generally, not have taken a trip for 6 months or longer during the last 5 years (or 3 years if married to a U.S. Citizen).*

You also need to meet other requirements that include elements that consider your worthiness to become a U.S. citizen. This means:

- *You must be able to read, write, and speak basic English.*
- *You need to know the fundamentals of U.S. history as well as the form and principles of U.S. government (Civics).*
- *You must show that you are a person of "good moral character" (in other words, that you have no criminal record).*
- *You cannot be in default for any prior years of back taxes.*
- *If you are a man between 18 and 26 years old, you must have signed up for Selective Service (for possible service in the U.S. Armed Forces).*
- *You must be willing to support the U.S. Constitution, to perform civilian or military service if required, and be willing to take the Oath of Allegiance to the U.S.*

Do I need to speak English to become a citizen?

One of the requirements for naturalization is to prove that you can speak English. There are only a couple of circumstances where this may be waived. The most common is due to your age and length of time as a green card holder. If you are over 50 years old when you apply for citizenship and have had a green card for over 20 years, or if you are over 55 when you apply and have had a green card for 15 years, you don't need to speak English to be naturalized. You will still need to take the exam. You will also have to bring an interpreter with you. A second exception is if you have a physical or mental disability that prevents you from satisfying this requirement. You must have your Doctor fill out Form N-648, "Medical Certification for Disability Exception", which must be submitted together with your application.

Are you disqualified from becoming a citizen?

It isn't enough to focus on the qualifications; you must also consider what can disqualify you from becoming a U.S. Citizen. The most common disqualifier is lack of good moral character. For example, there are certain crimes, like murder, which are permanent bars to naturalization. Others are temporary bars. However, in the application you must disclose any and all convictions, even if it was expunged (erased from your record) or it was a juvenile matter and sealed (before you were 18).

Examples of lack of good moral character include serious crimes such as terrorist acts, murder, rape, sexual abuse of a child, violent assault, trafficking in drugs, firearms, or people, or what is defined as an aggravated felony. But it also includes things like habitual drunkenness, failure to pay court ordered child support or alimony payments, illegal gambling, prostitution or polygamy (marriage to more than one person at the same time). If you were arrested, you must provide a certified copy of the court's resolution, the arrest report, court disposition, sentencing and any other evidence you would like USCIS to consider. Generally, traffic matters do not fall into this category, unless they are alcohol or drug related or involve fines of over $500 (many traffic fines meet this monetary threshold).

This is why it is a good idea to have an immigration attorney review your criminal background and driver's abstract before you apply.

Part of the application process is called biometrics; this is where immigration takes your fingerprints and then confirms the information in your application to their database of information. That can include prior applications, criminal background, taxes, and even trips you made out of the U.S. Do not take any chances.

If you do not tell the truth in your application or during your interview, your application will be denied for lack of moral character. USCIS assumes every application is fraudulent. From their perspective there are no innocent mistakes. Fraud can even result in losing your green card and being deported.

Case Study: Child out of wedlock

Francisco Trujillo was born in the Dominican Republic. He met Adelia, a U.S. citizen, while on vacation. They fell in love and he went to visit her in Puerto Rico. They married and she filed an immediate relative petition for him, which was granted. He received a conditional green card. Once he had it he went to visit his family in the Dominican Republic. While there he was unfaithful and the woman became pregnant and gave birth in New York.

Francisco, meanwhile, went back to Puerto Rico. Two years after receiving his conditional green card he and his wife filed a joint petition to remove these conditions. During this process he did not reveal he had a son born of a one night stand.

Years later his naturalization was denied because he lied about having an out of wedlock child. He disclosed this information for the first time at his interview. This denial could have been avoided if he had an immigration attorney to assist with his naturalization petition.

Chapter 13

Do I Need an Attorney?

No. You do not need an immigration attorney for your case. I am sure you didn't expect that answer. The truth is there are no rules or regulations requiring you to have an attorney to handle your immigration matter. Any application can be filed or a hearing  can be conducted without an attorney. However, not being legally required to have an attorney is no reason to not consider hiring one.

Case Study: Marrying abroad

Beatrice and Carlos married in Mexico. Carlos came to the U.S. to work and became a LPR with the help of an attorney. Beatrice and their three children came to U.S. without permission after their visa was denied. With the help of an attorney, Carlos received his citizenship. He then decided to save the cost of an attorney and applied for his wife and kids on his own. Because Carlos did not address his wife's past, her petition was denied at the interview. Their three kids were approved and also became LPRs. Carlos then sought an attorney. It took him over three years and many thousands of dollars until Beatrice also became a LPR. Had Carlos sought counsel initially, the question of her prior entries into the country without permission could have been addressed properly. That omission cost him years of expensive litigation.

What can an attorney do for me?

Immigration matters are increasingly complex. Trying to "do it yourself" or using an untrained friend, relative, or non-lawyer individual can have serious consequences. Every year, hundreds of deserving people lose their opportunity to legally immigrate to the U.S. because they rely on bad advice. What you might consider to be a small oversight or minor mistake can, in fact, put you and your family's entire future at risk.

American Immigration Law is one of the most politically divisive areas of the legal system, and therefore, it is not surprising that it has grown incredibly dense and is constantly evolving. No fewer than five major agencies administer the U.S. immigration system, and many other agencies play a role.

During the last ten years, the regulations for procuring lawful residence or U.S. citizenship, and for fighting deportation, have grown more complicated. During this same period, law enforcement efforts against immigrants have been greatly expanded. You should not underestimate the odds against you; winning immigration benefits is harder today than ever before.

Immigration lawyers have years of education and training. Furthermore, attorneys are required to stay up to date with the developments of the law by attending Continuing Legal Education courses. Members of AILA (American Immigration Lawyers Association) are particularly knowledgeable and have specialized expertise in immigration. They know how to represent you at an immigration hearing. With so much at stake, why would you plan your future with anything less than a properly trained and educated professional?

Many lawyers are hired after a person has attempted to represent him or herself or gone to an untrained friend, relative, or non-lawyer individual. Sadly, undoing the damage is not always possible and is always more expensive than having turned to an attorney from the start.

A friend just went through the same process as myself. Can't I just do the same as them?

Even two individuals with similar situations can require profoundly different approach in order to successfully apply for legal status. Based on their experience and qualifications, AILA immigration lawyers, like those at Andres Mejer Law, are best qualified to review your case and advise you on how best to solve your particular immigration challenges. Attorneys are the only ones who can represent you in the Federal Court.

Immigrating to the U.S., family reunification, refugee claims, work permits, study visas or extensions, are all matters that would greatly benefit from the training, experience and attention to detail that an experienced AILA immigration lawyer can provide.

There are clear differences between a family based petition and a removal defense. Even in a family based application, whether someone is adjusting their status in the U.S. or outside of the U.S. through consular processing profoundly changes the way we handle a case. Irrespective of how they change their status they may still need a waiver because of something that occurred in the past.

Case Study: Marrying in the U.S.

Orlando, a U.S. citizen, was visiting his family in Columbia when he met Marianna. They instantly connected and he delayed his return to the United States in order to spend more time with her. When he came back to the U.S., he went to see an immigration attorney and filed a fiancée visa. They quickly got married and he petitioned for her conditional green card, which was granted. Two years later, they decided to file, without consulting an attorney, the joint petition to remove the conditions on her green card. The first time they applied, they missed the deadline without explanation and their application was denied. They explained the delay in their second petition, but submitted the wrong application fee and were again denied. They appealed the denial, but failed to submit any supporting documents. Upon denial of the appeal, removal proceedings were begun against Marianna. Only at this point did Orlando and Marianna turn to legal help. Their attorney re-filed the petition to remove conditions with the proper supporting documentation; the petition was granted and removal hearings were terminated. So much time had passed, that immediately upon receiving her unconditional green card, Marianna filed for citizenship. Thousands of dollars in fees and years of worry could have been avoided if counsel had been sought from the beginning.

Even though both this situation and Carlos' circumstances (from the beginning of the chapter) were similar in that they both wanted to help their partner immigrate to the U.S., each had different mitigating factors. The one thing they had in common is that they spent thousands of dollars to fix a problem of their own creation. They also spent months or years not knowing if their wives would be allowed to stay in the U.S., due to the failure to properly file and present their situation.

What does it cost?

What is your future worth? You shouldn't leave it in the hands of someone who is untrained or unlicensed. Lawyers, especially members of AILA, receive ongoing specialized legal training and are unquestionably the professionals most qualified to handle your immigration to the U.S. When the stakes are this high, entrust your future to a trained AILA lawyer who is competent, insured, and regulated.

You should not make your decision solely based on an attorney's fees. That is why the following chapter gives you a list of questions to help you find the best attorney for YOU.

Can't I just use the Government website?

You can, and you should, use the resources provided by government websites to educate yourself about the immigration process. The more information you have, the better you can assist your experienced AILA immigration lawyer in representing you, thereby saving you time and money.

Information provided on various websites is a good resource, but it cannot respond to your personal set of circumstances, nor can it replace the specific advice offered by your AILA immigration lawyer.

Consider the following regarding government websites:

- *They have no responsibility or liability for the information they provide.*

- *They are maintained by enforcement agencies typically functioning under the mandate to discourage immigration.*

- *Immigration officers are rarely adequately trained in immigration law and do not keep up with the latest developments.*

- *Individual case situations differ dramatically and agencies do not have the resources to properly assess your case and advise you on how best to proceed.*

Even if you can manage filing the application yourself, your lack of experience could lead to mistakes that can be costly in terms of time and/or money. If you have to hire a lawyer later, your mistakes may limit your options and immigration lawyers are likely to charge more to clean up the mess.

An AILA immigration lawyer can give you a thorough assessment of your case and explain the options available to you based on current law. They can also advise you of upcoming changes that may benefit (or hinder) you. An AILA lawyer can work with you to prepare your case and, if necessary, represent you before the administrative agency handling your petition. The AILA lawyer will also be able to explain to the government agency why your case meets the legal requirements and, if problems arise, the lawyer often has additional resources available to help resolve the issue or, in the worst-case scenario, prepare your case for an appeal.

Regardless of the particular facts of your case, you deserve to have a lawyer who understands what you are up against, and who can put you in the best position for success due to his or her legal education, training, and experience helping others just like you.

Chapter 14

Seven Questions to Ask Before Hiring an Attorney

Hiring an attorney can be scary and confusing. There are many attorneys out there and it can be difficult to know whether the one you approach is right for you. How can you be sure the attorney is experienced and trustworthy? Remember, you are the one hiring the attorney,  so it is your responsibility to interview them just like a job interview. This chapter will offer you some important questions that should be asked, but you can add any additional questions that you have. Keep in mind that no book can cover every possible scenario that can arise in a case. Every situation is different, just as everyone's lives are different. Because of this, we highly recommend that anyone facing an immigration challenge meet with an attorney face-to-face. Just as you should have questions for us after reading this book, we will have questions for you. Only after answering our questions can we, or any other an attorney, give you real advice specific to your case.

Most attorney advertising is the same. The following are real examples taken from attorney advertising:

- *Our mission is to aggressively fight for the rights of our clients*
- *Courtroom experience and results that count*
- *When you need the best legal defense*
- *We put aggressive and experienced legal representation on your side*

Attorneys paid money to put this message out into the marketplace so that people like you can read about and hire the attorney. Do any of these slogans or catch phrases help you decide which attorney to choose? Do any of these slogans provide you with information about your legal rights?

I am sure you have heard horror stories of attorneys who take your money and do nothing, of attorneys who just go through the motions, or attorneys who aren't attorneys at all. That is why I have written this book. It provides you with the information you need to know about the immigration process and this chapter, specifically, is designed to help make the attorney selection process as easy as possible for you and your family. If you qualify for a legal benefit, don't wait, apply today.

The following are questions you should ask any attorney you consult. They will give you an idea of the background, professionalism and competence of the person you are interviewing. Education is your best defense. You must know your rights.

1. WHY DID YOU CHOOSE TO PRACTICE IMMIGRATION LAW?

This is an unusual question, which is precisely why I recommend you ask this question first. You want to gauge your attorney's reaction. Here is what you are looking for in a response:

- **Passion** – *You need someone who is passionate about helping immigrants. If they tell you they went into this area because it was the first job they got out of law school, tell the attorney thank you very much and leave. It may be true that the first job out of law school or in a clinic was in immigration, but what they should tell you is they were drawn to immigration. They had a burning desire to help immigrants after they learned about the challenges against them.*

- **Empathy** – *Empathy is the ability to understand or share the feelings of another. If the attorney doesn't understand what you are experiencing, he or she is not going to be overly motivated to help you. The empathy must come out of an experience the attorney had. He or she may be an immigrant or the child of immigrants. Perhaps he or she is married to an immigrant and experienced the immigrant reality first hand.*

- **Desire to help people** – *At its core, law is the solving of problems people face in a non-violent manner. We all have problems. For example, financial problems can result in bankruptcy, marital difficulties can cause divorce and harming another person can result in criminal problems. Most attorneys went to law school to help others overcome challenges. Make sure that your attorney is driven to help immigrants. That burning desire is very clear. They either have it or they don't.*

Choosing the right attorney is critical to your success. If the attorney's answer doesn't feel right to you, don't be afraid to thank him or her for their time and leave. Remember, you are interviewing the attorney as much as he or she is interviewing you.

I became an immigration attorney, because I love being able to help others. I see the law as a tool to solve people's problems. As an immigrant, just like you, my family faced many problems during our immigration process. I got tired of seeing immigrants being taken advantage of because of their lack of language or access to quality representation. I became a speaker, author, and attorney to help people like you avoid the mistakes we made through our immigration journey.

2. ARE YOU A MEMBER OF THE AMERICAN IMMIGRATION LAWYER'S ASSOCIATION?

The AILA is the only legal association in the United States for immigration attorneys. AILA was established to promote justice and enhance the professional development of its members. AILA is probably immigration lawyers' best resource for up-to-date information. While AILA membership is not a guarantee of quality, it does indicate that the attorney is keeping up with this rapidly changing field of law.

The resources provided to AILA attorneys are unparalleled. We routinely meet with representatives of USCIS, ICE, Department of Homeland Security, and Customs and Border Patrol to get a sense for how they adjudicate applications. This helps us to better serve our clients. When a unique situation occurs AILA attorneys have resources they can turn to resolve your problem.

For example, when DACA was announced, I was on at least five conference calls directed by the DHS Director discussing the implementation of the program, best practices and techniques to best help my clients. We had similar calls when the new program was introduced to help the immigrant spouses of U.S. citizens who stayed in the U.S. without legal status.

When you hire an AILA attorney you aren't just hiring one attorney, you also get all of AILA's resources at his or her fingertips. It can make the difference between a green card and a removal hearing.

3. HAVE YOU WRITTEN OR PUBLISHED ANY BOOKS ON IMMIGRATION?

This is important because you want an expert in the field. You want someone who has taken the time to write a book, like this one. In my case, I want to help you make the right decision. I want you to take the time and have the information to find the attorney who is right for you.

Writing a book is not easy. It takes time. It takes patience. It takes knowledge. It isn't for everyone. But you don't want just any attorney. You want the best. You want the attorney with a proven track record. An attorney that can explain your case in clear and understandable terms.

If your attorney hasn't written a book, he or she may still be a good attorney. But do you want to take that chance?

4. WHAT SEMINARS OR PRESENTATIONS HAVE YOU GIVEN ON IMMIGRATION?

You want a passionate advocate. You deserve an attorney who has made it his or her mission to educate and inform immigrants about their rights and responsibilities. The best way to do that is through speaking engagements and seminars. These can be seminars to other attorneys or to the public.

The point of the seminar is to inform. When an attorney gets up before an audience and answers questions, you never know what question you are going to get. How an attorney expresses him or herself will tell you a lot about their abilities and their attitude. Does he or she understand the question? Does he or she answer the question fully or do they duck the question? Are they articulate? Are they knowledgeable? Are they arrogant and talk down to you? This is an excellent way for you to assess the ability of the attorney without paying for a consultation.

You can find some of our seminars on our website www.AndresMejerLaw.com or at our YouTube Channel, Andres Mejer Law.

5. DO YOU HAVE ANY CLIENT TESTIMONIALS YOU CAN SHOW ME?

There is no better recommendation than a happy client. If your attorney doesn't have any, run. Either they are not good at what they do or they never bothered to ask their clients about their experience. Neither situation is good for you.

I have numerous testimonials and referrals from my clients. I get more every week. Some are by email, Facebook, LinkedIn and, my favorite, video testimonials. Only a very happy client will take time out of his or her day to pose for the camera and describe his or her experience with me. I am thankful for the many satisfied clients that do. We have a hard time keeping up with the editing and posting of the testimonials.

You can find our testimonials on our website www. AndresMejerLaw.com or at our YouTube Channel, Andres Mejer Law.

6. ARE YOU LICENSED TO PRACTICE LAW IN NEW JERSEY OR ANY OTHER STATE? IF SO, HAVE YOU OR YOUR LAW FIRM BEEN DISCIPLINED BY THAT STATE?

This is a two-part question, since the State Bar can't discipline you if you aren't an attorney.

First of all, make sure the person you are interviewing is actually an attorney. Don't be fooled by the scams of "immigration consultants" or notaries. Many of them do not have a license to practice law. No immigrant community is immune. Sadly, when any new pro-immigration program is being discussed, these scammers open offices that, on the surface, promise to seek benefits for immigrants under these new laws. Their real purpose is to make huge short-term profits, and disappear before they get caught.

USCIS does not recognize immigration consultants and will not allow them to intervene on your behalf when a problem arises. Immigration consultants argue that they only assist people in completing forms. But USCIS has warned that applying for a visa or citizenship is more than just form-filling. There are regulations behind most of the questions asked on the forms and questions that may seem straightforward are actually designed to elicit information relating to a complicated matter of law.

There are many types of people that will offer their services, claiming they are authorized to help you. These include notaries, consultants, service bureaus, travel agents, or others who promise quick, easy solutions to immigration problems. Never trust anyone who guarantees a visa in exchange for a certain fee; no-one can guarantee a visa. You may be considering an attorney from your own country, but lawyers from other countries are not experts in U.S. laws and are not licensed to practice in the U.S. Getting involved with people who say they "know someone" who has an "inside track" or anyone who wants money to influence or bribe officials can be more harmful than beneficial since it leaves you open to a charge of fraud that can bar you from attaining any legal status.

If you are not sure whether the person offering you immigration services is a lawyer or an accredited representative, ask to see their accreditation letters or U.S. bar admission certificate. If you are still not sure, call your State Bar Association. Remember, in the U.S. it is illegal to practice law without a license. In most states these immigration consultants are violating the law by practicing law without a license.

The second part of the question asks whether the attorney or law firm has been disciplined by any State Bar Association.

Lawyers who commit unethical conduct in New Jersey are subject to discipline ranging from an admonition (the least serious discipline) to a reprimand, censure, suspension from practice, or permanent disbarment from practice. You should know who your attorney is and what his or her history includes. You may search the disciplinary histories at: *http://www.judiciary.state.nj.us/oae/discipline.htm*.

The most common complaint filed against attorney is not returning client phone calls. One of the most serious charges, and one that most commonly results in disbarment, is misappropriating client funds. I am sure you don't want an attorney who won't return your phone calls. I know I wouldn't. Nor would you want an attorney with a history of taking other people's money without permission. Now, that may have only been sloppy record keeping, but you probably don't want a sloppy attorney either.

Take your time and do your research. You only have one chance to get it right.

7. HOW MUCH WILL YOU CHARGE ME FOR YOUR SERVICES?

Be sure that the price you are being asked to pay is the same that was quoted to you on the phone or in an advertisement. Not all attorneys will honor the price they quote you. The costs of immigration matters vary greatly. For example, a deportation defense will usually cost significantly more than bringing your loved one over from your home country. However, you must insist on a written contract. Review the contract and make sure you understand the terms. Is it a flat fee or is an hourly rate? If it is an hourly rate, can the attorney estimate what a typical case costs? Does that quote include filing fees? What about the translation of any documents?

The attorney is providing you a service. Pay attention how you are treated. How did the staff greet you on the phone or when you entered the office? Was the staff warm and welcoming or angry an annoyed at the interruption? Did the attorney answer your questions or was he or she curt and condescending? The attorney is there to serve you. If they treat you poorly before you even retain them, do you think that is likely to improve after you pay them?

This isn't so much about the price of the service but the value. You need peace of mind. You need to know that you and your family are in good hands. A younger attorney will likely charge less than a more experienced attorney. And some petitions are more expensive than others depending on the level of work involved. Whatever the case or the attorney, you must trust your instincts. If you aren't comfortable don't make an immediate decision. If, after talking to your loved one, you still aren't comfortable, find another attorney.

For me, it is important to me that my potential clients get their questions answered. That is why I wrote this book, give seminars, make videos, write blog articles and answer frequently asked questions. Good or bad news, I answer honestly and to the best of my ability.

Chapter 15

Nine Tips and Tricks

There are many things you can do to make the immigration process easier. I have compiled this list as the result of my experience as an immigration attorney. The immigration process can seem overwhelming and it's easy to lose sight of seemingly obvious details.

Tip #1: Do not apply if you are not sure you are eligible

This may seem obvious, but do not take any chances. Just because deportation or removal proceedings have not been started against you, does not mean that they won't. The requirements for an immigration benefit may seem straightforward, but so are the disqualifiers. If you do not qualify, for example, due to a criminal act, your application will be denied. In the best-case scenario, you will lose the filing fee. In the worst-case scenario, you may be placed in removal proceedings. If you do not meet the requirements, do not apply until you are eligible.

Tip #2: Consult an attorney before applying

If you have any questions regarding your eligibility, especially if you have traveled outside the U.S. since your first arrival date or if you have had any problems with the police, you should consult with an immigration attorney to make sure you qualify.

For most immigration benefits, an attorney can advise if

1. You qualify to apply;

2. You have enough evidence to prove your case; and

3. Can present your application in the best light to get the quickest results.

You may only have one chance to get it right. Although you will have to pay an attorney for his or her services, isn't your future security worth it? Do not jeopardize your future. Contact a qualified immigration attorney today.

Case Study: Using a "consultant" instead of an attorney

Guadalupe Rios came to the U.S. in 2006. She was caught at the border and placed in removal hearings. In 2007 she failed to appear in court and was ordered removed.

In 2009 she married Tom White, a U.S. citizen. They went to an immigration consultant and asked how she could get legal status. The consultant told her to return to Mexico and have Tom apply for her from the U.S. The consultant promised they would be together in six months.

The consultant was wrong. By failing to appear in court, Guadalupe became inadmissible for five years. She can't waive this. But she could have filed to reopen her order of removal. Guadalupe has been apart from Tom for four years! All because they tried to save money by going to a consultant instead of an attorney.

Tip #3: Take your time

It is imperative that you prove each and every element necessary for your immigration benefit or challenge. It is a serious application. You should not take it lightly. You may only have one chance to get it right. Err on the side of caution, there is no such thing as too much evidence whereas you can be denied if you have too little information. What you present and how you present it is incredibly important.

Tip #4: *Answer every question on the applications*

You must answer every question before submitting your application. Review the application before sending it to USCIS. If you leave fields in your application blank, USCIS may issue a Request for Evidence to obtain information they believe is missing. This can delay your application for months. If you do not know the answer to a question, type in "unknown"; if the question does not apply to you, type in "N/A".

This also applies to documents - make sure you provide all required evidence, as listed in the instructions to the appropriate form.

Tip #5: *Do not lie or misrepresent facts on your application*

When you sign an immigration application, you are also signing a statement that the contents of the application are accurate and truthful. At any interview, you will be placed under oath before you are asked a single question. If USCIS does not believe that an answer is accurate or, worse, if they have proof that an answer is inaccurate, USCIS will take the position that you have intentionally lied no matter how innocently the mistake was made. Remember, USCIS assumes that you are lying and is looking for any evidence to support that conclusion. The best way to avoid inconsistencies is to state the truth at all times. Finally, know that USCIS will compare the information in this application with the information provided in all of your previous applications, so be prepared to explain any discrepancies. They also have access to large databases about your past.

You must review the application very carefully before submitting it. It is critical that you do not lie or misrepresent any information. By signing the application you are swearing that all information contained in the application is true. USCIS will not give you the benefit of the doubt. If they believe you misrepresented, they will assume the worst and likely will begin removal hearings against you.

If you do not know the answer to a question, don't make it up and don't guess. Be absolutely certain of an answer before you put it in the form. If you are not sure how you entered the United States, for example, don't say just "illegally". If you are not sure, ask an immigration attorney.

Tip #6: Do not send original supporting documents

Your application will include the necessary supporting documents. You should never send original supporting documents to USCIS unless specifically required by the instructions. Mail can get lost on the way and USCIS can lose documents as your file is transferred from one office to another. Instead, you should mail **copies** of your supporting documents with your application, and bring the originals to the interview so that both can be compared. USCIS is allowed to disregard any document if they do not have the opportunity to examine the original. Of course, keep a complete copy of anything you mail to USCIS for your records.

Make sure that you mail your application using a method that can be tracked, such as USPS Certified Mail, Federal Express, DHL, or UPS. That way you will have proof, not only that USCIS received your application, but also of the date on which they received it. This way you can prove exactly what you sent in case it gets lost. Mistakes happen. This will help you show that you did not make one.

If you are selected for an interview, take a copy of your complete file, along with the originals, and speak to an immigration attorney before your interview.

If your application takes longer to decide than posted processing times (available at www.uscis.gov), you can ask USCIS as to the cause of the delay.

Tip #7: Order Your Criminal Record

If you have ever had any run-in with the law, you should obtain a complete criminal record and have it reviewed by an attorney before applying for an immigration benefit. Although USCIS has guaranteed the privacy of the information supplied in the application, certain criminal backgrounds will result the case being referred to ICE. This means that, under some circumstances, you can find yourself in removal hearings.

It is critical that you have these documents reviewed to make sure you are not voluntarily providing information that could lead to deportation proceedings. If you were a victim of a crime, have an attorney review the matter because you may be eligible for a U-Visa.

You also have to consider any future applications. Do not submit any information that can cause you problems in a future interview or appointment.

Case Study: Previous convictions

Joseph Portillo went to a New York attorney to apply for Temporary Protected Status (TPS). He met with a paralegal, over the phone first when she asked him a series of questions. Later, when Joseph went to the office, the paralegal had him sign the form and it was mailed.

Unfortunately, no one had asked Joseph whether he had ever been arrested. In fact, he had been convicted of two separate incidents that automatically precluded any chance of TPS. His request was denied and he was placed in removal hearings. Thousands of dollars in litigation could have been avoided if the New York attorney had done a criminal background check before applying or even just asked Joseph.

Tip #8: Bring your original supporting documents to the interview

You should bring original and updated documents to your interview, including evidence of recently filed tax returns, recent trips abroad, or recent criminal problems. In addition, if you are filing for citizenship based on your marriage to a U.S. citizen, the interviewing officer will want to see evidence that you still live together at the time of your interview, so bring recent leases, insurance policies, joint bank account statements, bills, or any other evidence you have that you continue to live in a marital relationship.

You should bring the originals of all copied documents that you submitted with your initial application, as well as one original and one copy of any updated documents.

Tip #9: Don't become a victim

Just as there are many competent lawyers who can help you with immigration benefits or challenges, there are those who are trying to take advantage you. Don't be a victim of fraud. This book gives you the information you need to become an educated consumer. Here are some more suggestions to avoid becoming a victim:

- *Be absolutely certain that your attorney is in fact an attorney in good standing in your state. Contact your state bar association and ensure he or she is licensed.*

- *You should never pay for the blank forms, which are available for free at www.USCIS.gov.*

- *You are always entitled to a complete copy of the application submitted on your behalf, and to review it thoroughly before you sign it.*

- *You should not sign a blank form. If you have already signed a blank form, get a complete copy of the filled out form.*

Most importantly, trust your instincts. If anything in your attorney's behavior makes you uncomfortable or you think his or her actions are questionable, don't hesitate to change attorneys. Remember that your lawyer is working for you and you have the right to be treated respectfully and be fully informed at all times.

Do you want
a Green Card?

Just follow these quick steps for $299.90 worth of free assistance.

1. **Take a Free Case Assessment (Value $149.95)**

2. **Meet with our friendly staff (Value $149.95)**

3. **File your petition**

We believe an educated client is the best client. We want to give $299.90 of information for FREE, but our time is limited. We only give away 10 of these packages a month. Don't wait to get started. There are 3 ways you can access the assessment questions.

WEBSITE
www.QualifyforLegalStatus.com *(for English)*
www.CalificasParaPapeles.com *(for Spanish)* or;

TEXT
Call 732 481-1082 and type *"Qualify"* or *"Califícas"* and answer the questions or;

CALL to speak to one of our friendly representatives at **732 962-6176**.

andres mejer law   *... helping Immigrants .... one petition at a time!*

¿CALIFICA PARA ESTATUS LEGAL?

ABOGADO LICENCIADO
ANDRES Y. MEJER, Esq.

Traducido por Tzvi Mejer

Copyright © 2015 Andrés Mejer
Todos los derechos reservados.

Andrés Mejer & Associates, LLC
9 memorial Parkway, Suite B
Long Branch, Nueva Jersey 07740
www.AndresMejerLaw.com
(732) 962-6176

DESCARGO DE RESPONSABILIDAD

La Asociación de Abogados del estado de Nueva Jersey requiere que le informemos que la información contenida en este libro no constituye consejo legal. Nosotros no somos sus abogados hasta entrar en un acuerdo escrito al ser contratados para representarlo a usted. Podemos ofrecer sugerencias y educación, pero por favor no lo malinterprete, nada en este libro es asesoramiento legal sobre su caso. Cada caso es diferente y un abogado puede sólo dar asesoramiento legal de calidad cuando conoce los hechos concretos relacionados con su caso individual.

También debemos aconsejar que los estudios de caso presentados en este libro se basan en casos reales, pero los nombres han sido cambiados y algunos detalles han sido modificados con el fin de proporcionar ejemplos relativos a la educación. No hacemos declaración que sus resultados serán similares. Cada caso debe ser analizado por sus propios méritos.

Tabla de contenidos

Capítulo 1

Mi historia personal como inmigrante

Opte ser un abogado de inmigración porque me fascina esta rama de la ley. También me permite ayudar a los demás como me gustaría que alguien hubiese ayudado a mi familia.

Yo nací en Santiago de Chile, como mi madre. Mi padre

es de Rosario, Argentina. Mis padres se reunieron y casaron en Israel. Crecí en una casa bilingüe (español y hebreo). He vivido en dos ocasiones en cada país, Chile, Israel y Estados Unidos.

Entramos a Estados Unidos como turistas en 1983 y sobrepasamos nuestros visados. Estábamos indocumentados hasta que el Presidente Reagan aprobó una ley permitiéndonos a convertirnos en residentes legales. Durante casi una década no tuvimos ningún estatuto legal. Esto significaba que mis padres no podían trabajar legalmente y hoy en Nueva Jersey aún no serían capaz de obtener una licencia de conducir.

Nunca olvidaré la mirada en el rostro de mi padre en 1985. Yo volvía de la tienda y quería mostrarle a mi padre las tarjetas de béisbol que me compró mi madre. Entré en la cocina y mi padre estaba en el teléfono, estaba muy pálido. Su hermano había llamado y le dijo que su madre había fallecido repentinamente. Él no pudo asistir al funeral porque, como un inmigrante indocumentado, él no habría podido retornar a los Estados Unidos Es este tipo de decisión terrible que los inmigrantes enfrentan cada día.

Cuando la ley cambió, mis padres fueron a alguien, pensaron que podían confiar en el para ayudarles a alcanzar estatus legal. Estaban equivocados. Ellos pagaron miles de dólares y no recibieron nada. Fueron víctimas de fraude, como tantos otros.

Finalmente conseguimos nuestras tarjetas verdes en 1989. Luego, en 1996, nos fuimos de los Estados Unidos sin haber aplicado para la ciudadanía. Pensamos que podríamos hacerlo desde nuestro país. Después de tantos años de vivir en los Estados Unidos, pensamos, por supuesto no nos negaran. Nos equivocamos. Casi pierdo mi tarjeta de residencia y algunos de los miembros de mi familia la han perdido.

En 1998 regrese a los Estados Unidos para terminar la Universidad y en 1999 me convertí en ciudadano. No fue el caso para otros en mi familia. Inmediatamente comencé a presentar las solicitudes de naturalización de mi familia pero no podía hacerlo todo al mismo tiempo. Empecé con mi madre y mi hermano. Se aprobaron. Entonces pedí a mi hermana. Sin embargo, sucedió el 9/11 y U.S. Citizenship and Immigration Services (USCIS) comenzó a mirar las cosas de manera muy diferente. La petición de mi hermana fue rechazada y no tuve la oportunidad de aplicar para mi padre. ¿Por qué fue aprobada mi madre y mi hermana no? En mi opinión, el USCIS cambio de enfoque después del 9/11. Mis padres están considerando ahora a regresar a los Estados Unidos, después de casi 20 años viviendo fuera de Estados Unidos, podremos volver a empezar el proceso de la tarjeta verde. Tendríamos que hacer lo mismo por mi hermana si deseara venir a vivir en los Estados Unidos.

Cuando regresé a Estados Unidos en 1998, no tenía familiares en el país. Dejé mi novia de entonces, la familia y amigos y vine a Estados Unidos buscando una vida mejor. Volví a la universidad de Rutgers. Tome un trabajo de tiempo completo durante el día y enrole en clases nocturnas. Alquilé una habitación en una pensión. Montaba mi bicicleta para trabajar y la escuela porque no podía mantener el costo de un auto. Estaba en el trabajo, en la escuela o en la biblioteca siete días a la semana. Lo hice por más de cinco años, me gradué en la Universidad de Rutgers y Brooklyn Law School, donde conocí a mi esposa Kimberly. Tenemos dos hermosos hijos y vivimos en Long Branch, Nueva Jersey. Hablo con fluidez el español, hebreo e inglés.

Me convertí en un altavoz, autor y fiscal para ayudar a personas como usted a evitar de cometer los mismos errores que nosotros cometimos. La educación es su mejor defensa. Debe saber sus derechos. Si usted califica para un beneficio legal no espere, aplique hoy día mismo.

He escrito este libro para proporcionarle un conocimiento básico pero exhaustivo acerca de los estatutos de inmigración en los Estados Unidos. Esta información le ayudara a estar mejor informado sobre el proceso para que sepa qué tipo de preguntas debe preguntar a su abogado y evitar convertirse en víctimas de fraude.

Capítulo 2

Antecedentes sobre la política y la ley de inmigración de Estados Unidos.

No tiene que ser abogado para comprender la política y la ley de inmigración básica. Existen cuatro categorías en los Estados Unidos, de estado legal como se explica más abajo. Puesto que una condena penal puede complicar el proceso de inmigración, las categorías de ciertos crímenes también se explican en este capítulo. Aplicar estos conceptos puede ser la mayor diferencia en cualquier petición de inmigración .

Echemos un vistazo a los cuatro tipos de estatus migratorio que existen: ciudadanos, residentes, no inmigrantes e indocumentados. Las características de cada estado se explican a continuación.

Ciudadanos estadounidenses

Estas son personas que nacieron en los Estados Unidos o que se han convertido en "naturalizados" después de tres o cinco años como residentes permanentes. Estos ciudadanos no pueden ser deportados, a menos que la ciudadanía se obtuvo mediante fraude. Usted puede trabajar legalmente y recibir todos los beneficios públicos como ciudadano. Además, usted puede solicitar el estatus legal de su cónyuge, hijo/a, padre o hermano/a.

Residente permanente o condicional

a) **Residentes permanentes legales** (LPRs) son aquellos que tienen una "Tarjeta verde". Un titular de tarjeta verde, o residente permanente legal, es alguien que se le haya concedido autorización para vivir y trabajar en los Estados Unidos de forma permanente. Como prueba de esa condición, se le otorgara una tarjeta de residente permanente, comúnmente llamada un Green card. La residencia permanente se puede obtener de varias maneras diferentes. La mayoría de los individuos son patrocinados por un miembro de la familia o un empleador en los U. S. otros individuos pueden convertirse en residentes permanentes a través de estado de refugiado o estado de asilo u otros programas humanitarios. En algunos casos, si su cónyuge no puede o no desea patrocinarlo a usted, puede ser usted elegible para presentarse por sí mismo.

b) **Residentes condicionales** son aquellos que estan casados menos de dos años cuando su cónyuge aplica para ellos. Este tipo de residencia también requiere que usted y su cónyuge se apliquen conjuntamente para eliminar el estado condicional al cabo de dos años de recibir su Green card o la tarjeta será invalidada y usted se enfrentará a la posibilidad de deportación.

Para convertir su estatus condicional a un estatus permanente, tendrá que presentar una petición para remover las condiciones de residencia (formulario i-751), con el apoyo de evidencia y las tarifas apropiadas, hasta 90 días antes que el estado de residencia condicional expire. Si se aplica antes de los 90 días especificados, la solicitud le será devuelta a usted. Si usted no puede presentar los documentos y tarifas necesarias, antes del aniversario de dos años, su tarjeta y su estado de residencia condicional serán ambos caducados y podría ser deportado. Tiene solamente una ventana de tres meses para presentar su solicitud. Usted debe presentar, de manera oportuna, la aplicación, con la tarifa correspondiente y el apoyo de toda evidencia necesaria para cualificar.

Ambos tipos de residentes tienen permiso para vivir y trabajar permanentemente en los Estados Unidos si no son culpables de un delito grave o alguna otra infracción de inmigración. Si usted es un residente, también le será posible iniciar una petición para el estatus legal de su cónyuge o hijo/a.

Generalmente, si usted ha sido residente permanente legal durante cinco años, puede aplicar para convertirse en un ciudadano estadounidense naturalizado. Pero si ha recibido la tarjeta verde basada en el matrimonio con un ciudadano de Estados Unidos, entonces puede aplicar después de tres años. Sólo porque usted recibió una tarjeta verde no significa que automáticamente se le otorgara la ciudadanía. Tiene que demostrar que lo merece. Si fue arrestado por cualquier razón, si debe impuestos o no ha podido pagar manutención de niños, usted deberá discutir su asunto con un abogado de inmigración antes de aplicar. **Ver capítulo 12 para más detalles.**

No inmigrantes

Personas que caen en esta categoría están legalmente en el país, pero sólo sobre una base temporal. Los ejemplos incluyen:

- *Estudiantes (visa F-1)*
- *los visitantes de negocios o turistas (visas B1/B2)*
- *Prometidos extranjeros (para matrimonio) (visa K-1)*
- *Individuos que se le ha concedido estatus de protección temporal.*

En general, los destinatarios de estas visas, no deben tener la intención de inmigrar. Si la aplicación es fraudulenta, o los términos de la visa son infringidos de cualquier forma, la situación jurídica cambiará a indocumentados. , Un alto porcentaje de inmigrantes indocumentados llegaron con visas legales (como mi familia hizo inicialmente).

Indocumentados

Individuos que se encuentran en el país sin permiso legal , o ilegalmente , son llamados indocumentados. Esto significa que no tienen permiso para vivir en los Estados Unidos No están autorizados a trabajar y no tienen acceso a los beneficios públicos como el cuidado de la salud o una licencia de conducir.

Cualquier persona que es indocumentada corre el riesgo de ser deportada o tener procedimientos de deportación contra ellos en cualquier momento . Esto crea una situación altamente inestable y difícil en la vida cotidiana de esos individuos.

Hay dos maneras que una persona puede ser indocumentada. La primera, como fue el caso con mi familia, es sobrepasar el límite de una visa temporal legal. El segundo es ingresar a los Estados Unidos sin pasar por un puerto de entrada oficial .

Crímenes y delitos

Si no es un ciudadano estadounidense y se declara culpable de ciertos crímenes o delitos habrá consecuencias de inmigración. Según las leyes de Inmigración , un residente no ciudadano de los Estados Unidos puede ser deportado de los Estados Unidos o se le puede negar admisión a los Estados Unidos para una variedad de razones. Tres de las principales son:

1. Delitos mayores agravados (un condena por delito mayor que puede resultar en más de un año en la cárcel)

2. Delitos contra la moral

3. Delitos de sustancias peligrosas controladas (drogas)

¿Qué es un delito mayor agravado?

Un delito mayor agravado tiene consecuencias devastadoras porque puede conducir a la detención inmediata, remoción de los Estados Unidos, prevenir alivio de remoción y crea una nulidad de 20 años para regresar a los Estados Unidos. Un delito no necesita ser "agravado" o un "delito" en el estado donde fue cometido el crimen, pero puede ser considerado un delito mayor agravado a efectos de la ley federal de inmigración. En cambio, un delito mayor agravado es cualquier crimen que el Congreso ha decido definirlo como tal .

Cuando la ley Federal inicialmente fue promulgada en 1988, el término "delito agravado" se refiere sólo a asesinato, crimen de drogas y el tráfico ilícito de ciertas armas de fuego y artefactos destructivos. El Congreso ha expandido la definición en numerosas ocasiones, especialmente bajo la reforma de inmigración ilegal y ley de responsabilidad del inmigrante de 1996, , pero nunca ha eliminado un crimen de la lista. Hoy en día, la definición del delito agravado abarca más de treinta tipos de delitos, incluyendo la asalto simple, robo, presentar una falsa declaración de impuestos y fallar a comparecer ante el tribunal. Incluso las ofensas que suenan graves, tales como "abuso sexual de un menor de edad," pueden abarcar la conducta que algunos Estados clasifican como faltas o no criminalizantes, tales como relaciones sexuales consensuales entre un adolescente de 17 años de edad y uno de 16 años.

En las palabras de la Corte Suprema, los inmigrantes condenados por un delito mayor agravado se enfrentara a las "consecuencias de deportación más duras" . Mientras que el Congreso reflexiona sobre las propuestas para incluir más crímenes bajo la definición de delito agravado, debe considerar las consecuencias extremadamente graves que resultarán. Las leyes de inmigración incluyen numerosas disposiciones para asegurar que los criminales no se les permitirá permanecer en los Estados Unidos, aunque también reconocen que deben hacerse excepciones en particular y mas convincente de los casos, especialmente cuando el retiro de un inmigrante creará dificultades para familiares ciudadanos de los Estados Unidos. Una vez que un crimen es etiquetado como un delito mayor agravado, sin embargo, deportación está casi asegurada y son raramente posibles realizar determinaciones individualizadas.

Para ver la descripción de los delitos que se consideran delitos agravados bajo la ley de inmigración, vaya a la inmigración y nacionalidad (INA) § 101(a)(43). Esta lista incluye, un breve resumen:

- *asesinato*
- *violación sexual*
- *abuso sexual de un menor (que puede incluir violación por límite de edad)*
- *el tráfico de drogas*
- *tráfico de armas o artefactos destructivos*
- *varios otros delitos relativos a armas de fuego o materiales explosivos*
- *crimen organizado*
- *lavado de dinero de más de $10,000*
- *fraude o evasión fiscal que involucran más de $10.000*
- *robo o crimen violento con un pedido de condena de por lo menos un año*
- *perjurio con una sentencia de al menos un año*
- *secuestro*
- *pornografía infantil*
- *la trata de personas o un negocio de prostitución*
- *espionaje, traición o sabotaje*
- *soborno comercial, falsificación, falsificación o tráfico de ve-*

hículos

- *falta de comparecer en la corte por un cargo criminal, para lo cual se podrá imponer una pena de dos años en la cárcel*

- *indocumentados,*

- *obstrucción de la justicia, perjurio o soborno de un testigo, si el término de encarcelamiento fue menos de un año, y*

- *crimen de violencia.*

Esta no es una lista completa de posibles delitos, y usted no debe intentar evaluar su situación o de alguien basado en esta lista.

¿Qué es un Delito contra la Moral?

Nadie será acusado de un crimen de bajeza Moral (CMT). En realidad, este título cubre a todo delito. Un crimen puede calificar, independientemente del nivel de gravedad de la acusación o la condena impuesta, o las circunstancias que rodean la Comisión del delito. Si fue condenado, admitió haber cometido o conspirado para cometer un crimen que constituye un CMT, usted puede ser inadmisible en los Estados Unidos

El problema es que no hay una definición clara de un CMT por estatuto o jurisprudencia. Generalmente se utiliza cuando el delito cometido, es de baja moralidad , depravado o vil, contrario a las normas aceptadas de la moral y las obligaciones de deuda entre personas o la sociedad en general. También se ha descrito como actos moralmente reprensibles o aquellos que son intrínsecamente de maldad. Un factor clave es si el crimen involucra un estado mental o una intención determinada.

Al momento de decidir si un crimen específico se eleva al nivel de un CMT, el juez de inmigración revisará el lenguaje de la ley, los elementos del delito y el reporte de la convicción.

Estudio de caso: Conducta sexual inadecuada

José Moreno tenía 12 años cuando, supuestamente tocó a una chica inapropiadamente. Diez años más tarde, la chica le dice a su consejero esto y José es arrestado y acusado de agresión sexual de un menor. Si él resultara convicto de este crimen, la inmigración considerará "abuso sexual de un menor de edad", un delito mayor agravado. Él perdería su tarjeta verde y podría ser deportado. Si Nueva Jersey había criminalizado una adolescente de 17 años por tener relaciones sexuales consentidas, con un niño de 16 años, el servicio de inmigración lo considerara abuso sexual agravado de un menor de edad. En el caso de José, su abogado de defensa criminal solicito nuestra ayuda. Le recomendamos cambiar los cargos a" peligrar el bienestar de un niño sin ninguna referencia al contacto sexual", que no es considerado un delito mayor agravado.

Este ejemplo es un CMT. Puesto que este fue el único crimen de José, en su vida, y porque él tenía su tarjeta verde por más de siete años antes de este crimen, evito ser colocado en las audiencias de retiro.

¿Cómo puede el manejar bajo la influencia (DUI) o en estado de embriaguez (DWI) afectar mi proceso de inmigración?

Una convicción en Nueva Jersey DUI/DWI puede tener consecuencias para la inmigración en dos áreas generales:

1. Si lo convierte en ser extraíble/candidato a la deportación. Significa que está en los Estados Unidos y debido a un cargo de Nueva Jersey DUI/DWI se le deportara de los Estados Unidos; o,

2. Desea aplicar para el estatus legal en los Estados Unidos y una convicción en Nueva Jersey DUI/DWI significa su inadmisibilidad.

Una convicción de DUI/DWI, es problemática porque bajo las leyes de inmigración de Estados Unidos puede ser considerado un DUI un crimen de violencia (delito grave) o un CMT.

Un DUI "simple" no es un crimen de violencia ni un CMT. Los DUI No son cargos leves, pero en este contexto significa que hay no hay agravantes, como un accidente con lesiones significativas, posesión de drogas o múltiples DUI previos. En su nivel básico, el estado tiene que demostrar en un simple DUI que:

1. Ha conducido un vehículo; y

2. Ha conducido un vehículo bajo la influencia de drogas o alcohol.

El fiscal no tiene que demostrar su intención de conducir bajo la influencia, sólo que lo ha hecho. Sin la categoría de intento, un DUI no es un CMT. Del mismo modo, puesto que DUI no está en la lista de delitos violentos y que la mayoría de cargos de DUI en Nueva Jersey no resultan en penas de cárcel de un año por lo menos (un requisitos del sistema federal por un delito) y no hay un "riesgo substancial que fuerza física contra la persona o propiedad de otro puede ser utilizada en el curso de cometer la ofensa,"DUI"simple"- no es un delito mayor agravado.

Conducir bajo la influencia de drogas

Si condujo estando bajo la influencia de una sustancia peligrosa controlada, usted absolutamente tendrá consecuencias inmigratorias en contra suya. En un DUI de droga, el fiscal debe probar que:

1. Usted estaba bajo la influencia de una sustancia controlada peligrosa; y

2. Opero un vehículo bajo la influencia de una sustancia controlada peligrosa.

Simplemente poseer una sustancia peligrosa controlada puede hacer que sea inadmisible o candidato a la deportación. Si se le declara culpable de DUI no puede haber ninguna mención de la sustancia peligrosa controlada. El informe del laboratorio estatal no puede ser admitido como evidencia. Tenga en cuenta, sin embargo, que la ley de inmigración es federal y el gobierno federal tiene su propia lista de sustancias peligrosas controladas. Así que asegúrese de que en cualquier declaración considere si la droga aparece en la lista federal, no sólo lo que Nueva Jersey considera una sustancia peligrosa controlada.

Estudio de caso: Conducir bajo la influencia

Alberto estaba fumando un cigarrillo de marihuana mientras conducía a la casa de su amigo. Se detuvo en un estacionamiento de una tienda de muebles después de horas para comprobar el GPS de su teléfono. Un oficial se detuvo para ver si necesitaba ayuda y olió la marihuana. Arrestó a Alberto por conducir bajo la influencia de la marihuana. Hemos sido capaces de obtener la anulación de cargos de DUI, porque el oficial de policía, no pudo demostrar cuando Alberto fumo la droga, antes o después que detuvo el auto. Detalles son muy importantes!

Condenado por conducir borracho mientras conducía con una licencia suspendida

Conducir con una licencia suspendida en Nueva Jersey y siendo acusado de conducir borracho, crea una situación de causa agravante, porque sabía que su licencia estaba suspendida y condujo de todos modos. Esto demostrara un estado de mente culpable y se considerará un CMT.

También puede ser considerado un " crimen de violencia " bajo limitadas circunstancias. En agosto de 2011, se determinó que conducir con una licencia suspendida califica como delito de cuarto grado en Nueva Jersey si usted condujo durante el período de suspensión y después de haber sido condenado de dos o más DUI. Alternadamente, si usted es acusado de conducir con una licencia suspendida dos veces y la suspensión se debió a un solo DUI, también puede hacer frente a un delito de cuarto grado. Si es declarado culpable de este crimen de cuarto grado, podrá ir a la cárcel por un mínimo de seis meses y hasta 18 meses. Esta convicción es sin duda un CMT y puede ser considerado un crimen de violencia (categoría de delito agravado) puesto que se pueden pasar más de 365 días en la cárcel.

Estudio de caso: Licencia suspendida

Federico González estaba detrás en sus pagos. Sin su conocimiento, la Comisión de vehículos motorizados suspendió su licencia de Nueva Jersey. Un sábado por la noche, después de salir del restaurante donde trabaja, tuvo un par de copas con sus compañeros de trabajo, subió al coche para ir a casa. Fue detenido y acusado de conducir borracho y conducir con una licencia suspendida. Si lo condenan de ambos estos cargos, se considerara un CMT porque él habría conducido a sabiendas de su licencia suspendida. Pero en este caso la Comisión de vehículos motorizados suspendió su licencia antes de notificarlo a él por correo. Como resultado, evito ser condenado por conducir con una licencia suspendida.

DUI con un niño en el auto

Poner en peligro a un niño es un delito grave en Nueva Jersey. Normalmente hablamos de abuso, negligencia, abandono o algún tipo de maltrato. En el contexto, DUI será similar a los hechos:

1. Operar un vehículo;

2. Bajo la influencia de drogas o alcohol; y

3. Tener niños en el coche.

Se trata de un factor agravante, que puede convertir un "simple" DUI en un CMT. Tendrá consecuencias inmigratorias si se le declara culpable de DUI y poner en peligro a un niño. Peligrar a un niño requiere un estado de mente criminal. Ha Puesto a sabiendas a un niño en peligro. Si es condenado por este delito, será considerado un CMT. Dependiendo de la gravedad del cargo se puede también considerar un delito agravado. Bajo estas circunstancias, el cargo de peligrar al niño se convierte en el cargo más problemático desde una perspectiva inmigratoria.

Si usted es condenado por un delito agravado, independientemente de su estatus migratorio, se encontrará usted en procedimientos de deportación. Del mismo modo, un CMT puede tener consecuencias graves para la inmigración, dependiendo de su estado legal y del crimen cometido. Uno de los principales factores para determinar si una persona se le concederá residencia o ciudadanía es prueba de buen carácter moral. Esto significa que funcionarios estarán buscando pruebas de algún delito menor o crimen agravado.

Capítulo 3

Peticiones basadas en vínculos familiares

Peticiones basadas en vínculos de familia, conforman alrededor del 60% de todas las solicitudes de inmigración. Es un proceso de dos pasos que permite la verificación de sus relaciones familiares.

1. En primer lugar, un miembro de la familia necesita aplicar para usted. Dependiendo de quién es el que aplica, puede inmediatamente cambiar su estatus o esperar que una visa esté disponible.

2. El segundo paso es el cambio real de su estado, que puede suceder en los Estados Unidos, a través de un ajuste de estatus, o fuera de los Estados Unidos vía un proceso consular.

¿Quién puede aplicar para mí?

Si un miembro de su familia cercana aplica para usted, no tendrá que esperar a que una visa esté disponible. Familiares inmediatos son los ciudadanos estadounidenses que son:

- *Padres*
- *Cónyuge (incluso del mismo sexo)*
- *Niños menores de 21 años*

Si el miembro de su familia que aplique para usted , es un hijo adulto o hermano/ hermana, usted deberá esperar a que una visa sea disponible. Una explicación más detallada de esto se encuentra a continuación:

Personas que no califican, en otras palabras, que no pueden aplicar para usted, incluyen:

- *Abuelos o nietos*
- *Tías o tíos , sobrinas o sobrinos*
- *Primos*
- *Novios o novias (a menos que la intención es de casarse)*
- *Socio domestico*
- *Amigos*

Una vez aprobada su relación usted será elegible para cambiar inmediatamente su estatus (si un pariente inmediato ha aplicado para usted) o tendrá que esperar hasta que una visa esté disponible. Con el fin de determinar cuándo su visa será disponible deberá referirse al boletín de visas disponibles, que se actualiza mensualmente. Si su peticionario no es un pariente inmediato, él o ella debe ser uno de los siguientes. Sin embargo, tenga en cuenta que para ser un "niño" de un ciudadano estadounidense debe ser menor de 21 años y no casado. Si su hijo/a es mayor de 21 años o más o están casados ya no son considerados un "niño" y se consideran una hija o un hijo adulto. Como referencia, el Boletín de visas de Noviembre, 2014, está incluido en la sección siguiente con una explicación de cómo leerlo.

1. Hijos/as solteros,adultos,de un ciudadano de los Estados Unidos . 23.400 visas son otorgadas anualmente.

2. Conyugue o hijo/a de ciudadanos estadounidenses. Aproximadamente 114.200 visas son otorgadas anual-

mente, divididos en las siguientes categorías:

2a. los cónyuges e hijos menores de un residente permanente. Esta categoría hace un 77% de las visas otorgadas a los cónyuges e hijos.

2b. Hijas e hijos adultos solteros mayores de 21 años de un residente permanente. Sólo el 23% de las visas se asignan para niños adultos.

3. Hijo o hija mayores de 21 años de ciudadanos de U. S. Unas 23.400 visas son otorgadas anualmente.

4. Hermanos y hermanas de ciudadanos Estadounidenses. Aproximadamente 65.000 visas son otorgadas anualmente.

¿Cuánto tiempo tendré que esperar a recibir mi tarjeta de residencia?

El tiempo de espera para su tarjeta de residencia varía dependiendo de la preferencia y a su país de origen. Puede consultar el boletín de visas (como el ejemplo abajo), para ver el tiempo de espera para su categoría y país de origen. La espera también depende de, si su patrocinador es un ciudadano o un LPR. Puesto que cada país tiene permitido un número igual de inmigrantes anuales a Estados Unidos, los tiempos de espera son largos en países donde mucha gente quiere inmigrar a los Estados Unidos. China, India, México y las Filipinas son los países con más aplicaciones así que se enumeran por separado. Si una celda está marcada "C", significa que la fecha de prioridad es corriente en esa categoría y números de visa están disponibles. Si una celda está marcada "U", significa que no hay más números de visas disponibles por el resto del año fiscal (que termina el 30 de septiembre). Si aparece una fecha en la celda, entonces esa fecha significa la fecha de "corte" de visa. Los solicitantes deben tener una fecha de prioridad que cae antes de la fecha indicada en la celda para solicitar una tarjeta verde. Debajo vea la muestra del boletín de Diciembre del 2014. Usted puede encontrar el boletín más reciente en el sitio web del departamento de Estado, **http://www. Travel.state.gov**, buscando el *"bulletin visa"*.

Patrocinado por familia	Todas las áreas de cargabilidad excepto los listados	CHINA-continental nacido	INDIA	MÉXICO	FILIPINAS
F1	22 07 de jun	22 07 de jun	22 07 de jun	15 de agosto de 94	15 04 DE DEC
F2A	22 13 de mar	22 13 de mar	22 13 de mar	01 13 de ene	22 13 de mar
F2B	22 08 de feb	22 08 de feb	22 08 de feb	01 de octubre de 94	15 04 de jan
F3	15 03 de dic	15 03 de dic	15 03 de dic	15 de noviembre de 93	22 de junio de 93
F4	22 02 de feb	22 02 de feb	22 02 de feb	01 de marzo de 97	01 de junio de 91

¿Donde puedo ajustar mi estatus?

Este Segundo paso, requiere que el inmigrante aplique por un cambio en su estatus, dependiente en sus circunstancias usted deberá aplicar o en los Estados Unidos o en el extranjero. Si usted ha aplicado por una Visa en su país de origen y ha entrado en forma legal con una estampa de la Policía de fronteras o con el permiso de entrada I-94, en su pasaporte, probablemente podrá usted obtener su cambio de estatus en los Estados Unidos.

Si usted no ha entrado legalmente, pero cualifica para el Acta "LIFE", (expiro el 30 de abril del 2001) podrá usted ajustar su estatus pagando una tarifa y llenando los necesarios requisitos, vea una explicación detallada de el proceso, en el capítulo 4 de este libro.

En orden de ajustar su estatus en los Estados Unidos, la fecha de prioridad deberá ser vigente, usted debe estar ya en los Estados Unidos y uno o más de estas categorías deben de aplicar a usted:

1. **Vínculo familiar.** Usted ya posee una petición aprobada basada en vínculo familiar, o está aplicando al mismo tiempo que su petición de ajuste a su estatus.

2. **Empleo.** Usted tiene en su posesión una petición aprobada basada en una visa de inmigrante por empleo, o está aplicando al mismo tiempo con su petición de ajuste de estatus.

3. **Prometido/a.** Su prometido/ha aplicado para que usted reciba una visa de entrada y se han casado dentro de un periodo de no más de 90 días de la fecha de entrada al país. Si usted ha sido admitido/a con una visa de dependiente de los padres de su prometido/a, usted podrá poner una aplicación para cambiar su estatus, basándose en el estatus de los padres. Si usted se casó con el ciudadano Americano, pero no dentro de los 90 días, de la fecha de entrada al país, usted puede todavía ajustar su estatus, pero ahora su conyugue deberá rellenar una aplicación inmediata de vínculo familiar para usted. Si usted no se ha casado con su prometido el ciudadano Americano que aplico para su visa de entrada, o si se ha casado usted con otra persona, ciudadana Americana o LPR, usted no podrá ajustar su estatus en los Estados Unidos. Su conyugue podrá llenar una aplicación para usted, pero usted deberá atenerse a un proceso consular.

4. **Asilado/Refugiado.** Usted ha estado por lo menos 1 año en los Estados Unidos, después de haber recibido Asilo o estado de Refugiado y todavía cualifica como Refugiado o Asilado, o como conyugue o hijo de uno.

5. **Visa Diversidad (Lotería).** Ha recibido una notificación del Departamento de Estado de ser el ganador de un visado en la lotería para la tarjeta verde.

6. **Registro.** Esto significa que usted ha residido continuamente en los EE.UU. desde antes de Enero del 1972.

7. **Cubano.** Es usted de ciudadanía o nacionalidad Cubana.

Si usted no consigue ajustar su estatus en los EE.UU. tendrá que retornar a su país de origen y ajustar su estatus a través de un proceso consular. Este es el proceso donde al tener una petición de inmigración aprobada (Vínculo Familiar, Empleo u otra)Usted aplica por una visa de inmigrante en la oficina consular de los EE.UU. en su pais. Este proceso, envuelve dos entidades de gobierno diferentes: El centro nacional de visados y la oficina consular del Departamento de Estado. Usted debe tener en su posesión una petición aprobada y un número de visa. Si usted ha acumulado un acta de presencia ilegal en los Estados Unidos, usted puede ser sujeto a la penalidad de 3 o 10 años de espera, fuera de los EE.UU.

¿Que es estadía ilegal? Es lo mismo que estatus ilegal?

1. Estadía ilegal, se refiere al tiempo que ha estado usted en los Estados Unidos sin haber sido admitido al país a través de un puerto de entrada, o que haya recibido un permiso condicional de estadía.

2. Haberse quedado en el país después de la expiración de su permiso de estadía (visa) del departamento de seguridad nacional.

La presencia ilegal determinara sus posibilidades de ser admitido al país,. El problema surge cuando usted ha acumulado 180 días o 365 días de estadía sin permiso, usted será eliminado de tener la posibilidad de retornar a los EE.UU. por 3 años (si acumulo más de 180 días pero menos de 365 días) o 10 años si se ha quedado más de 365 días sin permiso.

Estatus ilegal se aplica cuando usted infringe los términos del estatus que el departamento de seguridad nacional le ha otorgado, por ejemplo, si usted ha sido admitido como estudiante y ha trabajado sin permiso usted será categorizado en "estatus ilegal".

Por ejemplo, si usted ha sido aprobado para la Acción Diferida, usted no sumara tiempo de "presencia ilegal" en los EE.UU., pero eso no significa que usted posee un permiso de estadía legal en los EE.UU. Por otra parte si usted ya tenía una presencia ilegal antes de recibir su estatus legal, usted podrá estar sujeto a problemas en caso de que usted viaje al extranjero y desee regresar a los EE.UU.

¿Que es la "Clausula provisional de presencia ilegal"?

La cláusula provisional de presencia ilegal está diseñada para perdonar una presencia ilegal solamente. Si usted requiere otras cláusulas, es probable de que usted no cualifique para este programa. Al ser este un programa detallado, deberá usted asesorarse con un abogado de inmigración calificado, antes de aplicar.

Originalmente, usted debía de viajar al extranjero para aplicar a esta cláusula, corriendo el riesgo de no cualificar y no poder retornar a su familia por 3 o 10 años. Por esta razón la mayoría de la gente no trataban siquiera de aplicar.

Hoy en día, las reglas han sido cambiadas y su conyugue (Ciudadano/a de los EE.UU.) puede aplicar para usted y su cláusula dentro de los EE.UU. usted deberá retornar a su país de origen para recibir su visa de inmigrante en el consulado Americano, pero lo hará sabiendo de que podrá regresar como LPR y no estará separado de su familia por un periodo largo.

Califico yo para una clausula provisional?

En orden de aplicar para una clausula provisional de presencia ilegal, usted debe:

1. Estar presente en los EE.UU.

2. Tener por lo menos 17 años de edad a la hora de aplicar.

3. Tener una aplicación aprobada de visa de inmigrante hecha por un familiar cercano que sea ciudadano estadounidense.

4. Tener una aplicación pendiente de una visa de inmigrante con el Departamento de Estado estadounidense y que la tarifa de proceso haya sido pagada.

5. Usted ha acumulado un estado de presencia ilegal en los EE.UU., y no es inadmisible por ninguna otra razón.

6. Usted puede probar sufrimiento extremo de su conyugue o pariente, ciudadano de los EE.UU. y que su aplicación debería ser aprobada de forma circunspecta.

Caso de Estudio: Diferentes rumbos para obtener la tarjeta verde

Veamos varios ejemplos de cómo María Maldonado, de nacionalidad Mexicana, logro obtener su tarjeta verde en situaciones variadas.

Ejemplo 1. Ajuste de estatus.

María ingreso a los EE.UU. en 1998 y se casó con un ciudadano Americano. Al haber entrado ella al país como turista en forma legal, en el momento de que la relación con su conyugue es aprobada, podrá ella ajustar se estatus en los EE.UU.

Ejemplo 2. El acto de LIFE.

María ha ingresado a los EE.UU. sin permiso al cruzar la frontera en 1998.Su empleador, aplico por ella en 1999. Desgraciadamente el empleador cerro su negocio en 2002 y jamás continuo con el proceso, a causa de que la petición podía ser aprobada cuando fue hecha, al estar ella casada con un ciudadano americano y él ha aplicado por ella como su conyugue. Por ser ella calificada para el Acto Life, ella puede ahora ajustar su estatus en los EE.UU. agregando un pago de tarifa de proceso.

Ejemplo 3. Proceso consular con cláusula provisional.

Anterior a Marzo del 2013.

María ha ingresado a los EE.UU. en forma ilegal en el 1998, pero nadie ha aplicada para ella antes del 30 de abril del 2011, por lo tanto ella no califica para el Acto Life, de cualquier manera su marido, que es ciudadano estadounidense quiere aplicar para ella. El único medio disponible para María, es a través de un proceso consular. Al haber estado ella en los EE.UU. más de 1 año sin permiso, esta ella sometida a los 10 años de prohibición de retorno, al dejar ella los EE.UU. Una vez que su relación conyugal es aprobada, ella recibirá una notificación de presentarse al consulado Americano en Ciudad Juárez, en México. Durante la entrevista en el consulado, María será asesorada por el oficial consular, de que ella no es admisible en los EE.UU., a menos de que sea aprobada para una clausula provisional. Ella deberá aplicar por su cláusula provisional y le darán fecha para otra entrevista. Esto puede tomar entre 6 a 12 meses en Mexicas la cláusula es aprobada, María recibirá su visa de inmigrante para retornar a los EE.UU. y ahí recibir su tarjeta verde.

Este proceso es largo y antes de salir de los EE.UU, no

recibió María ninguna seguridad de que el proceso de clausula provisional será aprobado.

Ejemplo 4. Proceso consular con cláusula provisional aprobada

Posterior a Marzo del 2013.

María ha ingresado al país, en la forma descrita en el ejemplo anterior, pero ahora, posteriormente al mes de Marzo del año 2013, nuevas regulaciones han sido puesto en efecto hacia la cláusula provisional. Después que su casamiento con un ciudadano Americano es aprobado, ella aplicara por la cláusula provisional de presencia ilegal, estando dentro de los EE.UU. Al ser su presencia ilegal el único obstáculo para su admisión en los EE.UU., ella puede demostrar "el sufrimiento extremo" de su marido si no recibe ella el permiso inmediato de retornar al país. La cláusula provisional es extendida y se le presentara con una notificación de fecha para presentarse en el consulado de Ciudad Juárez en México, donde se le otorgara una visa de inmigrante para regresar a los EE.UU., donde luego de seguir el proceso determinado se le otorgara su tarjeta verde. El periodo de separación de los conyugues se acortara así de una forma dramática. Antes de salir de los EE.UU. Sabría ella que tiene muy buenas posibilidades de recibir sus documentos.

Capítulo 4

Petición basada en empleo

Solamente un 15% de los inmigrantes a los EE.UU. entran al país basándose en una visa de inmigrante por empleo. Igualmente a las peticiones basadas en vínculo familiar, estos futuros empleados, obtienen un grado y preferencia de acuerdo

a sus cualificaciones profesionales, también serán categorizados de acuerdo a las fechas de prioridad y sus países de origen, según el boletín de visados. Hay un boletín de visas separado para la categoría de empleo.

1. Se otorga preferencia a trabajadores que son prioridad, estos son trabajadores con habilidades extraordinarias en los ramos de Ciencias, Arte,Educacion,Negocios, Atletas, profesores o investigadores extraordinarios y ejecutivos y directores multinacionales. Esta preferencia está reservada para expertos reconocidos y excepcionales en su ramo, esta es la única categoría de petición basada en empleo que no requiere un patrocinador.

Las próximas dos categorías, requieren que un empleador aplique para usted y que reciba un certificado de trabajo, para obtener el certificado, el empleador deberá probar que no hay suficientes trabajadores en los EE.UU. para ese empleo y que empleándolo a usted no influirá en los salarios o condiciones de empleo para trabajadores Americanos.

2. Segunda preferencia será dada a profesionales que tienen diplomas avanzados o extranjeros con habilidades excepcionales en las Ciencias, Arte o Negocios.

3. La tercera preferencia serán obtenidas por trabajadores maestros, profesionales, u otros trabajadores.

Estas dos categorías próximas son estrechas, pero las cuotas casi nunca son totalmente utilizadas, este puede ser un camino rápido para obtener la tarjeta verde.

4. La categoría número cuatro, es dada a trabajadores religiosos y trabajadores del gobierno Americano de término largo.

5. La quinta preferencia es dada a gente que ha invertido por lo menos 1.000,000.00 de Dólares y ha dado trabajo a por lo menos 10 trabajadores legales durante un mínimo de dos años.

A continuación es una copia del Boletín de Visados para categoría de Visas del mes de Diciembre del 2014. Para obtener la copia más actual entre al sitio web del Departamento de Estado Americano, **http://www.travel.state.gov** y haga búsqueda de *"visa bulletin"*.

BASADO EN EMPLEO	Todas las Areas de Cargabilidad Excepto Los Listados	CHINA - Continental Nacido	INDIA	MÉXICO	FILIPINAS
1r	C	C	C	C	C
2o	C	01 ene 10	15 feb 05	C	C
3r	01 nov 12	01 jun 10	01 dic 03	01 nov 12	01 nov 12
Otros Trabajadores	01 nov 12	22 jul 05	01 dic 03	01 nov 12	01 nov 12
4o	C	C	C	C	C
Ciertos Trabajadores Religiosos	C	C	C	C	C

BASADO EN EMPLEO	Todas las Areas de Cargabilidad Excepto Los Listados	CHINA - Continental Nacido	INDIA	MÉXICO	FILIPINAS
5o Áreas de Empleos Específicos/ Centros Regionales y Programas Piloto	C	C	C	C	C

En la mayoría de los casos, las tarjetas verdes son otorgadas a inmigrantes que se hallan ya en los Estados Unidos con visas NO inmigratorias. Este proceso se conoce como Ajuste de estatus y le permitirá a usted a quedarse en los EE.UU. mientras su aplicación es procesada para una tarjeta verde patrocinada por empleo. El procedimiento es similar al de la tarjeta verde a través de vínculo familiar, que hemos discutido anteriormente en el capítulo anterior.

Que es el Acta LIFE?

El "Legal Immigration Family Equity Act" (LIFE Act), también conocido como articulo 245i, le permitirá a usted obtener estatus legal estando dentro de los EE.UU., Si es usted un beneficiario de una petición aprobada. La forma en que la ley se aplica hoy día, generalmente un empleador o un miembro de su familia, calificado, deberá aplicar por usted, pero si ha entrado usted ilegalmente al país o se ha quedado en el país después de la fecha de expiración de su visa, su empleador no lo puede ayudar. Si usted ha entrado ilegalmente, su familiar calificado puede aplicar por usted, pero deberá usted dejar los EE.UU. y solo luego de una posible larga estadía fuera de los EE.UU., le será permitido regresar para obtener su tarjeta verde. El Acto LIFE le perdonara la entrada ilegal, si usted califica y paga una tarifa de $ 1000.00. El mayor problema es que el Acto LIFE ha expirado en abril del 2001, estos que lo utilizan hoy en día, son inmigrantes que aplicaron hace varios años, pero sus visas solo ahora se están poniendo corrientes.

El Acta LIFE permite que ajuste usted su estatus dentro de los EE.UU. incluso si usted:

- *Ha entrado los EE.UU. en forma ilegal.*
- *Ha trabajado en los EE.UU. en forma ilegal.*
- *No ha mantenido su status legal en forma continua.*
- *Ha entrado bajo el programa de renuncio de visa.*
- *Ha entrado como tripulante de barco extranjero.*
- *Ha entrado como turista extranjero en tránsito sin visa.*
- *La petición ha sido archivada correctamente en su totalidad.*

Que una petición de inmigrante sea correctamente archivada, quiere decir, que dicha aplicación fue recibida por el servicio de inmigración, antes del cierre del día hábil del 30 de abril del 2001, o que si fue enviada por correo, ha tiene la estampa del correo, en o antes del 30 de abril del 2001. La petición debe llevar los nombres del patrocinador y el de usted, la tarifa correcta y tiene que estar firmada por el patrocinador. Para un certificado de labor, archivado correctamente, quiere decir que fue archivado con el Ministerio del trabajo en o antes del 30 de abril del 2001.La petición, además, deberá ser autorizable cuando fue presentada, quiere decir, cubrió todos los requisitos de la agencia, la aplicación tiene mérito, no ha sido falsificada y que al momento de aplicar, la relación apropiada existe entre usted y el patrocinador.

Si usted llena estos requisitos, podrá usted aplicar en cualquier momento, incluso después del 30 de abril del 2001, cuando su petición de inmigración es aprobada y un número de visa es disponible de inmediato para usted. Si usted califica hoy día, usted todavía puede aplicar y tomar provecho de esta ley.

No sea Victima de Fraude

Peticiones basadas en empleo son difíciles de conseguir para la gran mayoría de inmigrantes indocumentados hoy días en los EE.UU... Desde que el Acto LIFE ha expirado, no hay manera de corregir un Estatus ilegal o entrada ilegal a los EE.UU.

Yo he visto los casos que le presentare, demasiadas veces.

Estudio de caso: Usando "servicios legales" para obtener una visa de trabajo

Juan Pérez es un ciudadano guatemalteco que entro a los Estados Unidos en 2002, después de que expiró la ley de vida. Él ha estado trabajando en la compañía de construcción Handy Man cuyo dueño, quiere ayudar a Juan, que es un empleado clave. Handy Man construcción ha pagado miles de dólares por los servicios legales y ha obtenido la aprobación para la certificación laboral. Ellos entonces han sido aprobados para la petición de empleo (formulario i-140) y Juan ha esperado durante años hasta que su categoría de preferencia es actual. Luego fue a un abogado de inmigración que le advirtió que ha sido víctima de un fraude. Porque Juan no cualifica para el acto LIFE, su entrada ilegal o presencia ilegal no pueden ser perdonadas. Tiene cero posibilidades para ajustar su estatus. Tenía cero posibilidades de ajustar su estatus cuando fue presentada la petición. Esperó 12 años y ha pagado miles de dólares esperando el día que conseguiría su tarjeta verde. Desafortunadamente, la Ley, 12 años atrás, tanto como hoy no perdona su estatus ilegal o presencia ilegal.

La única razón para presentar dicha petición es simplemente esperar que cambie la ley antes de que usted pueda ajustar su estatus. Pero yo nunca aconsejo a mis clientes a planear sobre la esperanza. Si no hay un método para cambiar su estatus, usted no debería gastar el dinero hoy. Si la ley cambia, el cambio también puede hacer este proceso irrelevante porque le puede proporcionar un vehículo diferente para cambiar su estatus.

Capítulo 5

La Diversidad

El programa de diversidad, o lotería de tarjeta verde, representa sólo el 4% de los inmigrantes. Esto ayuda a 50.000 personas anualmente y está dirigido por el Departamento de estado para diversificar la gama de países de origen de inmigrantes con los habitantes de Estados Unidos. Las aplicaciones se hacen  en el otoño y el Departamento de Estado, anuncia los nombres de las personas que pueden solicitar visas en el Consulado Americano de su país.

El programa de diversidad, excluye a los 15 países que envían la mayoría de inmigrantes a los Estados Unidos: Canadá, México, El Salvador, Haití, India, Pakistán, China, Vietnam, Filipinas, Rusia, Gran Bretaña, Bangladesh, Brasil, Canadá, Colombia, República Dominicana, Ecuador, Jamaica, Nigeria, Perú y Corea del sur. Generalmente beneficia a países asiáticos pequeños (por ejemplo Bangladesh), los países africanos, países con un pequeño porcentaje de inmigrantes y países de Europa occidental (por ejemplo Irlanda).

Estudio de caso: siguiendo las instrucciones

Usted debe leer atentamente las instrucciones antes de aplicar para este programa. Guy Farid es azerbaiyano. Su hermano Mika está en los Estados Unidos con visa de estudiante y ayudó a Guy llenar la petición de visas de diversidad. Estaba feliz de saber que Guy salio ganador en la lotería. Sin embargo, porque Mika no fue cuidadoso, no incluyo a su mujer y niño al llenar la petición. La petición fue anulada por falta de información adecuada. Incluso un pequeño error puede tener consecuencias drásticas.

Capítulo 6

El asilo

Asilados o refugiados son personas que huyen de persecución en su país. Son el 12% de los inmigrantes a los Estados Unidos La diferencia entre las dos categorías es que refugiados solicitan su estatus desde fuera de los Estados Unidos y asilados desde dentro de los Estados Unidos

Para calificar para este estatus, usted debe demostrar temor de persecución (tortura, encarcelamiento o maltrato físico) en su país de origen por:

- *Raza*

- *Nacionalidad*

- *Opinión política*

- *Religión*

- *Ser miembro de un grupo social particular*

Un "Grupo social particular" se refiere a un grupo de personas que comparten una característica que no pueden o no tiene expectaciones de cambio. La característica, es ser diferente y que no será tolerada e invita a opresión por un perseguidor. Por ejemplo, esto puede incluir su sexo, clase social, edad, orientación sexual o una invalidez física. Violencia de género doméstico, sobre una base individual no es motivo de asilo. Debe caer dentro de una categoría más amplia, como un grupo social regularmente perseguido.

Si entra usted en una de estas categorías también deberá demostrar que la persecución es causada por el gobierno o un grupo u organización al cual el gobierno es incapaz o no desea controlar .

También existen limitaciones sobre si puede solicitar asilo. No es posible aplicar si usted a perseguido a otros, ha aportado apoyo material a una organización terrorista, ha recibido residencia legal en otro país antes de venir a los EE.UU. o previamente ha solicitado Asilo en los EE.UU. y fue negado. La petición de Asilo debe hacerse dentro de un año de entrar en los Estados Unidos. Luego puede aplicar para la residencia permanente legal un año después de que el Asilo fue concedido.

Incluso si cumple con los requisitos anteriores, la solicitud de asilo no estará garantizada. Debe aplicar dentro de un año de entrar en los Estados Unidos A continuación, usted puede solicitar estatus de residente permanente legal un año después que se concedió el asilo.

Estudio de caso: persecución religiosa

George Ramírez ha encontrado a Dios. Se convirtió en un pastor cristiano evangélico. Se dedicó a ayudar a su comunidad Guatemalteca a desligarse del hábito de drogas y alcohol, a través de la adoración a Dios. Era efectivo en su meta, estaba transformando vidas, pero fue demasiado efectivo. El grupo criminal "Maras" (en su mayoría de fe Católica) no aprobó de este Misionero que le estaba arruinando el negocio de drogas. Saquearon su Iglesia, acosaron a la congregación, cuando ese maltrato, no dio frutos, comenzaron a matar a los miembros de la iglesia y a dejar los cuerpos afuera del edificio. El Pastor llamo a la policía, ni siquiera entraron a la Iglesia para investigar, nadie fue arrestado por los asesinatos. Cuando el Pastor continuo, los maras, quemaron la Iglesia en su totalidad, aun así la policía no actuó, tampoco amaban a los evangélicos, a continuidad el grupo maras amenazo al Pastor y a su familia. Temiendo por su vida y la de su familia, emigro a los EE.UU. fue detenido en la frontera, donde aplico por Asilo.

El Pastor Ramírez puede demostrar que el gobierno Guatemalteco, no es capaz de controlar a los criminales del maras. De hecho fue determinado, que algunos de los funcionarios de gobiernos están en la nómina de pago de los criminales.

El Pastor George tiene muchas pruebas de persecución, incluso puede demostrar que la persecución se basa en una categoría protegida, Religión. El Pastor George, puede demostrar que es una persona de bien y con buena moral, por lo tanto, tiene una muy buena posibilidad de recibir el Asilo.

Capítulo 7

Cancelación de Expulsion

Este es un proceso que solo usted puede iniciar si el servicio de inmigración está tratando de deportarlo. Es parte de su defensa en el juicio contra la deportación, solo 3.800 casos son concedidos anualmente. Hay tres categorías diferentes para cancelar la expulsión.

1. Residentes Permanentes Legales. Usted debe comprobar (a) que ha sido usted un residente legal por lo menos durante cinco años, (b) usted ha residido en los EE.UU. por lo menos 7 años después de haber sido admitido y (c) usted no ha sido convicto de ningún crimen agravado. LPR cancelación de expulsión, generalmente ocurre después de un arresto y convicción.

Por ejemplo, ICE está tratando de anular su tarjeta verde y deportarlo de los EE.UU. En este caso usted puede tomar esta defensa llenando el formulario EOIR42A.

2. Inmigrantes que viven en los EE.UU. sin documentos legales. Usted deberá probar que (a) Ha vivido aquí los últimos diez años, (b) Ha demostrado usted buen carácter moral en esos diez años, y (c) su conyugue, hijos o padres que son o ciudadanos o LPR, sufrirían "dificultades extremas e inusuales" si es usted deportado de los EE.UU. Ejemplos de dificultad extrema puede ser niños que necesitan cuidados especiales o con condiciones médicas.

En el ejemplo presentado, ICE está tratando de deportarlo del país. Si usted se encuentra dentro del criterio presentado arriba, usted puede tomar la defensa contra la deportación, llenando el formulario EOIR42B. El beneficio rápido es el de obtener una autorización de empleo, así puede usted obtener su número de seguro social y su licencia de conducir.

3. El conyugue o hijo de un ciudadano o LPR, que ha sido maltratado o sujeto a crueldad extrema. Este caso se conoce como VAWA cancelación de expulsión y será explicado en más detalle en el capítulo 9.

Si es usted poseedor de una tarjeta verde, o está casado con un ciudadano (o LPR) y ha sufrido crueldad extrema, usted podrá mantener o conseguir su estatus legal, pero que pasa si está usted sin documentos y cree usted que cualifica por una cancelación de expulsión de un residente permanente ilegal? ¿ Cómo puede usted aplicar para este beneficio? Los distritos varían, pero la mayoría de las oficinas de USCIS no lo ayudaran a usted, poniéndolo en procedimientos de expulsión, para que usted consiga aplicar su defensa. ¿Qué se puede hacer?

Algunos abogados le recomendaran que ponga usted una aplicación de Asilo. Si le niegan la petición, será usted puesto en procedimientos de expulsión y así podrá usted iniciar su defensa contra la expulsión, pero esta maniobra tiene riesgos. En Nueva Jersey, puede tomar hasta dos años para obtener la audición de corte para determinar si su aplicación de Asilo tendrá éxito. Usted corre también el riesgo de una orden judicial frívola que eliminara toda posibilidad de obtener estatus legal en los EE.UU.

Nosotros, hemos tenido éxito con la re-apertura de casos de ofensas de tránsito, o hemos usado ofensas pendientes. Aunque suena extraño, arreglamos que entre usted a la cárcel por un día. Según la práctica actual de ICE, eso le garantiza una entrevista con ICE por la cual será usted puesto en procedimientos de expulsión. Usted podrá entonces aplicar para la cancelación del proceso de expulsión para residentes ilegales. Usted recibirá un permiso de empleo mientras espera su fecha de Corte.

Estudio de caso: Padre de niño Autista.

El sénior Adrián Sánchez ha residido en los EE.UU. por más de 20 años. Él tiene tres hijos que son ciudadanos Americanos y menores de once años; el niño menor desafortunadamente sufre de Autismo y tiene incapacidades severas. Su hijo tiene un plan individualizado de estudio a través de la escuela y recibe servicios significantes. Adrián es dueño de una empresa de construcción, que emplea más de 10 trabajadores, también es dueño de varias casas sin hipotecas, él ha pagado sus impuestos en los últimos 12 años. El habla Inglés de forma perfecta, aunque tiene un pequeño acento. Él es una persona de negocios exitoso, pero tiene un secretillo. No tiene estatus legal en los EE.UU.

Adrián ya estaba desesperado, él vive con temor constante de que cada vez que se sube a su vehículo lo puede parar la policía y puede ser arrestado. El trata que sus empleados le conduzcan, pero no siempre es posible, en cualquier momento el deberá correr a la escuela a buscar a su hijo por algo que el niño ha hecho. A Adrián ya no le importaba si fuese deportado, simplemente ya no podía seguir viviendo de esta forma.

Nosotros llenamos una moción de relevo para remover una convicción de la corte de tránsito. El fiscal fue sorprendido inicialmente de que Adrián deseaba ir a la cárcel, pero el comprendió las limitaciones de nuestras leyes de inmigración y acepto dejar que Adrián vaya preso por un día. ICE entrevisto a Adrián y él fue puesto en procedimientos de expulsión. Este proceso nos ofreció la oportunidad de aplicar para la cancelación de proceso de deportación para residentes ilegales y también aplicamos para su autorización de empleo. Él está esperando la fecha del juicio, mientras tanto, tiene un número de seguro social valido y licencia de conducir. Él no vive más con temor, ahora está esperando el día que recibirá su tarjeta verde.

Estos pasos no son generalmente recomendados. Usted debe estar realmente desesperado para voluntariamente ponerse en procedimientos de expulsión, de cualquier forma si usted cree que tiene los requisitos y desea tomar el riesgo para comenzar a legalizar su situación, este camino puede ser efectivo.

Capítulo 8

Visa-U

Este tipo de visa, esta diseñada, como una herramienta para que
las autoridades puedan investigar y
enjuiciar a criminales y otorgarle a la
víctima que ha ayudado a la policía,
a obtener su status legal, primero recibirá un estatus de no-inmigrante,
para luego aplicar por su LPR estatus.

Los beneficios de la Visa-U, incluyen:

1. Estatus "U" en los EE.UU. por 3-4 años.

2. Authorization de trabajo.

3. Visa de no-inmigrante derivado de la visa u para (no abusivo) conyugue, niño menor de edad, padres o hermanos de una víctima menor de edad.

4. Opción de aplicar para residencia permanente después de tres años.

5. Anulación de todo proceso de deportación.

La Visa-U, es una preferida pues provee la rara oportunidad de ayudar a toda una familia. Si la victima principal está en los
EE.UU. y la petición es aprobada, sus hijos inmigrantes que vivan
afuera del país, pueden obtener permiso de reunirse con usted en los
EE.UU. como niño dependiente de una Visa-U.

Usted cualifica para este tipo de Visa si:

* *Usted es víctima de un crimen calificado, que ha ocurrido en*

los EE.UU. o bajo la tutela de la ley Americana.

- *Usted es capaz de proveer información sobre el crimen, o ayudar a la policía en la investigación.*

- *Usted ha sufrido abuso emocional o físico en forma substancial, y*

- *Es usted elegible para ser admitido en los EE.UU. o para recibir una "renuncia"*

Si usted llena todo estos requisitos, todavía necesita un certificado de las autoridades policiales (I-918, suplemento B), firmado por una agencia calificada. La agencia aplicante de la ley determina que un crimen ha ocurrido, que usted fue la víctima y debe certificar si será usted o fue usted, capaz de ayudar en la investigación.

A continuación la agencia comprueba que no tiene usted problemas criminales o de inmigración en su pasado y que no es usted un peligro a la salud o seguridad pública. Esta condición, puede ser "renunciado", si puede usted probar que es en el interés público que usted reciba la Visa U. La agencia (puede ser la Policía, Sheriff, Juez, Fiscal o cualquier otra oficina administrativa con capacidad de investigar actividad criminal, incluyendo la EEOC) debe otorgar un certificado policial que declare que ha sido usted o será usted una importante ayuda en la investigación o los procedimientos jurídicos, de la actividad criminal cometida. Cada certificado, debe designar a un agente certificante. Esta certificación no determinara si posee usted los requisitos para una Visa U, tampoco otorga estatus de Visa; eso es solamente a discreción de USCIS. Una vez que el certificado está firmado, usted debe aplicar dentro de los 6 meses o caducara su valides.

Crímenes que califican para la Visa U.

- *Crímenes de violencia física y sexual: Incesto, as alto sexual, contacto sexual abusiva.*

- *Tráfico de mujeres, prostitución o explotación sexual.*
- *Servidumbre involuntaria, secuestro o detención falsa.*
- *Crímenes más serios, como: Asesinato, homicidio, asalto criminal, manipulación de testigos, obstrucción de justicia, o conspiración de:*
- *Conspirar u ordenar la comisión de cualquiera de los crímenes mencionados en el artículo anterior, son cubiertos por esta definición también.*

El nivel de abuso, al ser víctima, usted ha sufrido es determinado por varios factores y puede afectar la petición de una Visa-U. Primero es la severidad, naturaleza y duración (tiempo) de las heridas serán evaluados. En coordinación, el daño sufrido, incluido la agravación de una condición existente (o pauta del abuso), todo esto será considerado, al igual que la severidad de la conducta del autor o causante del crimen,. Finalmente, la seriedad del daño a la apariencia de la víctima, salud mental y física son también tomadas en consideración.

Si usted ha sido una víctima de uno de los crímenes calificados, será un requisito el que ayude a las autoridades policiales o que esté dispuesto a ayudar si es necesario. Conducta poco útil, incluye una falta activa de cooperación; en otras palabras, si usted solo reporta el crimen, pero no está dispuesto a ofrecer su cooperación continua, o falla de presentarse en la corte para testificar.

Usted estará obligado a mantener su cooperación, cuando reciba un pedido razonable de información, antes o después de que la Visa U sea otorgada. Las autoridades están obligadas a informar al servicio de inmigración si usted rehúsa a cooperar, incluso después de que la visa ha sido otorgada. Continuar la cooperación será relevante solamente para investigar o juzgar el caso. Si el caso ha sido cerrado, no hay necesidad de más cooperación en el asunto.

Algunas veces el crimen contra la víctima, se considera un caso cerrado, de cualquier forma, la certificación de las autoridades será apropiada incluso si el crimen ocurrió años antes de la aplicación. Si el caso ha sido cerrado, el abusador fallo de presentarse a la corte y el caso sigue abierto, o el abusador ha sido deportado, no son bases para negar la Visa U, Que el caso está cerrado, no es causa determinante para la obtención de la Visa U.

Estudio de caso: Víctima de un asalto

Juan López estaba de novio con una mujer Mexicana, ella tenía un ex novio de mente inestable.

Juan estaba en la casa de ella un tarde, cuando el ex novio llego y casi se enfrentaron en una pelea; Ella llamo a la policía y el agresor se fue.

Varios días más tarde, juan estaba bebiendo unas copitas con su mejor amigo de su infancia. El propietario se unió a ellos, junto al sobrino del propietario, Juan y su amigo fueron a comprar más cervezas. Cuando regresaron, el sobrino le pidió a Juan su teléfono celular, al retornar el teléfono, acuchillo a Juan tres veces en el pecho y en el abdomen, milagrosamente sin tocar ningún órgano vital. El ex novio había puesto un contrato sobre Juan. El sobrino fue arrestado y deportado.

Juan fue trasladado al hospital, donde tuvo una recuperación total físicamente. Pero ya no es la misma persona; vive con temor y no bebe más. No sale a la calle, porque tiene temor de estar con mucha gente.

El aplico para la Visa U y con base de la severidad del ataque, rápidamente le fue otorgado su autorización de trabajo y luego su Visa U.

Capítulo 9

VAWA

The Violence Against Women Act (VAWA) impide que los ciudadanos estadounidenses o LPR usen su estatus para abusar, coaccionar, controlar o intimidar a sus familiares. El VAWA permite, que una persona abusada, llene una petición para lograr estatus legal sin conocimiento ni consentimiento del

abusador. También concede una autorización de trabajo para usted como persona abusada, renuncia a los cargos de estadía ilegal y entrada ilegal, ciertos cargos penales y cargos de fraude o tergiversación. Usted puede entonces solicitar su estatus legal permanente.

Existen cuatro tipos de candidatos para aplicar bajo el VAWA:

1. Un cónyuge abusado de un ciudadano estadounidense o LPR (corriente o divorciado mientras que se aplique la petición dentro de los dos años del divorcio).

2. Conyugue no maltratado de un ciudadano estadounidense o LPR, cuyo hijo fue o es maltratado por el cónyuge.

3. El niño de un ciudadano estadounidense o LPR adulto

En orden de llenar los requisitos del VAWA, su relación con el abusador tiene que ser cercana: Conyugue, hijo/a o padre/madre. Adicionalmente, el abusador debe ser ciudadano o LPR estadounidense y el abuso debe de haber ocurrido durante el matrimonio o durante la relación de padre e hijo (Asalto o crueldad extrema). Usted debe haberse casado de buena fe y haber vivido con su abusador. Usted debe estar todavía en los EE.UU. y demostrar un buen carácter moral.

El proceso de Auto Petición envuelve unas series de pasos:

1. Si usted entra dentro de los criterios explicados arriba, usted deberá presentar un auto petición y la documentación pertinente para probar de que es usted elegible.

2. Al cabo de 4 a 6 semanas habrá un proceso preliminar de elegibilidad, será determinado en base de los documentos presentados por usted.

3. Luego, entre 6 a 9 meses más tarde, usted recibirá la aprobación y su elegibilidad para recibir una autorización de trabajo. Si el VAWA es aprobado, deberá ser renovada anualmente, junto a su autorización de trabajo.

4. Finalmente, después de que el VAWA ha sido aprobado, podrá usted aplicar por su tarjeta verde, si es usted "admisible" en los EE.UU. VAWA, también provee renuncias para varios de los cargos de inelegibilidad, que de otra manera no los recibiría usted.

El factor mas importante es el abuso físico o emocional que ha sufrido usted, para comprobar este abuso, usted deberá presentar una variedad de documentos, incluyendo documentos médicos, Sicológicos, reportes policiales 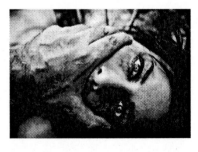 y declaraciones notariadas. No hay ninguna regulación que controle la calidad o cantidad de documentos presentados, la información debe estar organizada y debe ser clara para que el oficial puede efectuar una rápida determinación.

Estudio de caso: abuso y robo

Alexa estaba casada con un ciudadano de Estados Unidos, con el cual tuvo dos hijos. Como resultado sus hijos eran ciudadanos estadounidenses.

Su marido la controlaba y no le permitía trabajar o salir de la casa. Sólo podía ir a la tienda si el la llevaba y tenía que ser rápida, o el la castigaría corporalmente. Ella estaba totalmente aislada y no podía hablar con su familia o amigos, sin tener miedo de que su marido la golpee. El la amenazaba constantemente de que la deportaría y le quitaría a sus niños, si ella no hacia exactamente lo que él decía.

Vivía en perpetuo temor y finalmente sufrió un problema cerebrovascular debido a la tensión. Aun así, nunca lo denunció a sus amigos, familiares o la policía.

Un día fue a la tienda con sus hijos y sin su marido. Su hija quería un vestido, pero ella no tenía dinero. Ella fue arrestada por hurto y colocada en audiencia para el retiro (deportación).

El oficial notó que algo estaba fuera de lo común. Es una buena cosa que lo hizo. Quedo horrorizado cuando oyó lo que estaba ocurriendo. Los cargos de hurto, fueron eliminados en última instancia, Alexa recibió ayuda. Empezó a ver a terapeutas y se trasladó a un refugio para víctimas de violencia doméstica. Se divorció de su marido y aplico para recibir Estatus legal a través de VAWA, sin su marido abusador y le fue posible el quedarse en los EE.UU. con sus niños, ella es hoy día una LPR.

Capítulo 10

Inmigrante juvenil especial.

Si usted es menor de 21 años, puede un método adicional para obtener residencia legal en los Estados Unidos: Estatus de inmigrante especial juvenil (SIJ). Pero para obtener la residencia de esta manera tiene  que demostrar que usted no puede reunirse con uno o ambos de sus padres debido a abuso, negligencia, abandono, o según como la ley estatal permite. En Nueva Jersey la muerte de un padre puede ser considerada abandono.

Con el estatus de SIJ, podrá permanecer en los Estados Unidos y eventualmente obtener la residencia legal permanente (una tarjeta verde). Mientras espera su residencia obtendrá una autorización de trabajo y, con ella, usted puede solicitar una número de seguro social y licencia de conducir.

La obtención de residencia de esta manera es un proceso de tres pasos:

1. Deberá obtener un documento de hallazgos especiales en la corte del estado.

2. Deberá enviar los resultados de la corte a USCIS solicitando una visa SIJ.

3. Si usted recibe este tipo de visado luego podrá recibir un estatus de LPR en la corte de inmigración o a través de USCIS.

Para calificar para este estatus, un Juez del Tribunal estatal deberá encontrar que usted es:

- *Menor de 21 años de edad,*

- *Es soltero,*

- *Ha sido declarado dependiente en un tribunal de menores o colocado por el Tribunal en la custodia de un individuo (como un padrastro o madrastra o pariente),*

- *No puede ser reunido con uno o ambos padres por abuso, negligencia, abandono o una base similar bajo la ley estatal (en Nueva Jersey la muerte de un padre puede ser considerada abandono) y*

- *No es en su mejor interés el ser retornado a su país de Origen.*

Es un proceso largo, pero para algunos es una de las pocas opciones para conseguir estatus legal en los Estados Unidos, a pesar de una entrada reciente.

Estudio de caso: Víctima en su país de origen

José Vázquez vino a los Estados Unidos como resultado de la persecución en su país de origen. Él y su equipo de fútbol fueron a un pueblo vecino para un partido amistoso. La ciudad estaba afiliada con un grupo político rival. Una pandilla local vino y los acusó de ciertas opiniones políticas. Todo el equipo fue atacado y a José le dispararon cuando trato de proteger a su amigo. Casi muere. Aunque sobrevivió, el nunca podrá tener hijos. Tenía 15 años de edad.

En el hospital él fue amenazado por un oficial de policía para que no denuncie el crimen a la policía. Después de ser descargado del hospital, intentó ingresar ilegalmente a Estados Unidos y fue capturado en la frontera.

Un abogado previo quiso solicitar asilo, que es difícil de probar, pero posible en su situación. Después de entrevistarlo, me di cuenta que calificaba para el estatus de SIJ, ya que su padre era un alcohólico abusivo que murió por intoxicación de alcohol. Antes de morir, y en una furia alcohólica, disparó un vecino y atacó a su familia con un machete.

Según la ley de Nueva Jersey, la muerte de un padre equivale al abandono. José tiene dos opciones para conseguir estatus legal, pero de las dos, el SIJ es su mejor opción .

Capítulo 11

Acción Diferida para Llegados Infantiles

El 15 de junio del 2015, el Presidente Obama anuncio que él va a desistir en las deportaciones de inmigrantes jóvenes, que cumplen con ciertos requisitos. Es obligación del Congreso el crear leyes y obligación del Presidente el llevarlas a cabo. El Presidente no puede crear leyes, pero él puede modificar las regulaciones que hacen cumplir esas leyes. Por ese motivo el Presidente ha ordenado este programa, **"ACCION DIFERIDA PARA LLEGADOS INFANTILES"**

(DACA) como una respuesta directa al sistema inmigratorio disfuncional. Elimina en forma temporal la amenaza de deportación para jóvenes que califiquen. No es una amnistía. No es inmunidad. No es siquiera un camino a lograr naturalización. No es lógico expulsar jóvenes de talento que desean participar en laboratorios, abrir nuevos negocios y contribuir a nuestro país simplemente por las acciones de sus padres.

Hay aproximadamente 2,100,000 jóvenes a través del país que pueden calificar para este programa. Ellos estudian en las escuelas, hablan inglés, juegan en nuestros vecindarios y juran lealtad a nuestra bandera. Ellos son americanos en su corazón, en su mente y en cada forma posible, pero no legalmente. Ellos fueron traídos a este país por sus padres, a veces incluso de muy tierna edad, pero de cualquier forma viven con el temor constante de ser deportados a un país que no saben nada de él.

Si es aprobado, el participante del programa no acumulará una presencia ilegal en los Estados Unidos durante la duración del programa; sin embargo la Acción Diferida no provee un perdón por la presencia ilegal anterior o subsecuente al programa.

Si el participante demuestra una necesidad económica de trabajo, recibirá un permiso de trabajo valido por la duración del programa. Usted también puede aplicar por un número de Seguro Social y Licencia de Conducir

Para aplicar para DACA debería:

1. Tener menos de 30 años de edad en junio 12, 2012;

2. Llegar a los EE.UU. antes de cumplir los 16 años;

3. Vivir continuamente en los EE.UU. desde 15 de junio 2007;

4. Estado presente en los EE.UU. desde 15 junio 2012;

5. No tener estatus legal el 15 de junio 2012;

6. Estar actualmente en la escuela, se graduó de la escuela secundaria, recibió un GED, o si es un veterano honorablemente descargado de la Guardia Costera of las Fuerzas Armadas; y

7. No haber sido condenado por un delito grave, tres o más delitos menores y no ser una amenaza para la seguridad nacional o la seguridad pública.

Usted también deberá completar una comprobación de antecedentes. Es imperativo que usted debata este asunto con un abogado de inmigración calificado antes de someter su aplicación, para asegurarse definitivamente de que es usted elegible.

Peligro de Actividad Criminal...
Sospechada o Actual

Ejemplo 1:

Estudio de caso: Sospecha de actividad en las pandillas

Omar cumplía los requisitos para DACA, pero había sido afiliado a pandillas cuando joven, y tenía tatuajes de pandillas. Él cometió un error cuando era más joven, pero, se separó de ellos, él pensó que ellos eran sus amigos. Omar nunca fue condenado de ningún crimen, pero él fue detenido una vez con la pandilla. Él fue liberado y nunca tuvo cargos.

Esto todavía puede levantar una bandera roja. Según las directrices de USCIS, Omar es elegible mientras no haya sido condenado de un delito grave, una ofensa de delito menor significativa, múltiples ofensas de delito menor o es una amenaza para la seguridad nacional o seguridad pública. El hecho que el caso de Omar puede caer bajo la rúbrica de ser una amenaza a la seguridad pública. Él debe demostrar que es el una persona buena y de buena moral. Los antecedentes de Omar, lo obligaran a tener que demostrar factores atenuantes de mayor solides que un solicitante promedio. Él tiene que demostrar que él se ha rehabilitado y no tiene ningún contacto con la pandilla ya hace mucho tiempo. Es importante que no ignore este asunto e incluya el GMC de su rehabilitación en su aplicación.

Ejemplo 2:

Estudio de Caso: DUI

José fue detenido después de salir de una fiesta familiar. Él no creía que iba a exceso de velocidad o conduciendo de manera inestable, pero tomo una última copa antes de conducir a casa. A las 2:00 de la madrugada, en una calle tranquila, esa última copa pudo haber sido la causa de ser parado y detenido. El señor acudió a los tribunales y decidió declararse culpable sin hablar con un abogado de DUI familiarizado con la ley de inmigración. Él pago la multa y nunca tuvo más problemas. Él incluso ya no conduce más.

Pero ahora el no lograra calificar para DACA. Un DUI es considerado un delito significativo y un obstáculo absoluto para DACA. Sin embargo, el podrá reabrir el caso de DUI mediante un proceso llamado alivio después de la condena. Es más difícil y más costoso que luchar el cargo de DUI al principio, pero puede ser hecho. Si tiene éxito, DUI no será un impedimento para DACA. José estuvo feliz de tener un abogado de DUI e inmigración calificado para ayudarle a solucionar su caso.

Antes de aplicar, tiene que obtener el abstracto de sus antecedentes penales. Hemos encontrado órdenes de arresto de clientes que no comparecieron en la corte. Hemos encontrado confusión y errores en los antecedentes penales, donde convicciones u órdenes de detención aparecen en el registro de alguien sin causa. Si usted ha sido condenado por un delito menor, investigue si pruebas de rehabilitación y otros factores favorables serán necesarios para equilibrar su historial criminal. Al ordenar la información, usted podrá comunicarse con el Tribunal para corregir cualquier problema antes de poner su aplicación de inmigración. Disminuyen las posibilidades de corregir problemas después de que usted ha aplicado para DACA.

El programa DACA es individual. Lo que esto significa es que cada persona debe aplicar por sí mismo. Por ejemplo, si a su esposa la han concedido la Acción Diferida, ni usted ni sus hijos se pueden acoger al beneficio. Tendrá que aplicar por separado y cualificar usted y sus hijos.

El 20 noviembre 2014, el Presidente Obama modifico esto requisitos y creó una nueva categoría para algunos padres. Este programa es Acción Diferida para los Padres. Como DACA, esto proporciona ventajas específicas a los que califican.

Para demonstrar que usted califica tendrá que establecer su identidad, su relación a un ciudadano o residente permanente legal hijo o hija de los Estados Unidos, y su residencia continua en los Estados Unidos desde el 1 de enero del 2010.

Requisitos básicos de DAPA 2014:

1. Si tiene hijo nacido antes del 20 de noviembre de 2014 que es ciudadano estadounidense o un LPR.

2. Ha vivido continuamente en los Estados Unidos desde 01 de enero de 2010;

3. Ha estado presentes en los Estados Unidos el 20 de noviembre de 2014;

4. Ha ingresado al país sin inspección antes del 20 de noviembre de 2014 o su estatus legal migratorio ha vencido antes del 20 de noviembre de 2014; y

5. No han sido condenados por un delito, delito menor, tres o más faltas, y no son un amenaza para la seguridad nacional o seguridad pública.

El mandato judicial temporal

Dos meses después del anuncio de DAPA, el 16 de febrero de 2015, un Juez Federal de distrito en Texas, Andrew Hanen, emitió un mandato judicial preliminar deteniendo temporalmente la acción Ejecutiva del Presidente Obama. El programa tiene dos componentes: expansión de la acción diferida para arribos infantiles (DACA) que estaba programada para comenzar a aceptar peticiones, el 18 de febrero de 2015; y la creación de la acción diferida por responsabilidad Parental (DAPA) que estaba programada para comenzar a aceptar peticiones el 19 de mayo de 2015.

Declaraciones anteriores del juez Hanen en inmigración demuestran que estaba el predispuesto a no permitir que el gobierno ejerza discrecionalidad en el contexto de la inmigración.

Teniendo en cuenta la predisposición de este juez, sorprende la estrechez de la sentencia. El juez no encontró el programa inconstitucional. En cambio, él decreto que el gobierno no ha seguido correctamente la ley de procedimiento administrativo. Esto es un gran problema, pues el gobierno puede responder a las cuestiones de procedimiento alegadas. Es casi como si él estaba desesperado por encontrar la manera de bloquear estas iniciativas y recurrió a cualquier pretexto que pudo.

¿Cuáles son algunos ejemplos de la retórica del juez que apunta a una predisposición? El juez se centra en la incapacidad del gobierno "para asegurar las fronteras" y acepta por su valor nominal que los Estados reclaman daños financieros, sin ninguna evidencia. Mientras tanto, el juez omite toda la información que demuestran los beneficios económicos y sociales que los programas ampliados de DACA y DAPA proporcionarán. El juez se refirió a los costos de los Estados para educar a hijos de extranjeros ilegales. Sin embargo, la Suprema decisión del Tribunal Plyler v. Doe deja absolutamente claro que la Constitución exige proporcionar educación a todos los niños.

El juez indicó que aunque el gobierno puede establecer prioridades de ejecución, no puede dar a esos individuos autorización de trabajo. El juez ignora una regla existente que cubre DACA y DAPA: 8 CFR Sección 274a.12(c) (14), que hace justamente eso, "un extranjero que le ha sido concedido la acción diferida, que es un acto de conveniencia administrativa para el Gobierno que prioriza algunos casos de riesgo inferior, si el extranjero establece una necesidad económica para el empleo." El gobierno federal ha cuestionado esta decisión. Estoy seguro el gobierno federal finalmente prevalecerá y que DAPA y DACA ampliado serán completamente implementado, eventualmente.

No era la primera demanda de desafío a la acción diferida. En diciembre de 2014, Estados Unidos, juez federal de distrito, Beryl Howell desestimó una impugnación presentada por Sheriff Joe Arpaio en Arizona. El juez determinó que Arpaio no había demostrado el daño directo de las acciones del Presidente necesarias para mantener un pleito en tribunales federales. El punto más importante en la decisión es que el juez estuvo de acuerdo con la legalidad de la acción Ejecutiva, lo que significa que cae dentro del ámbito de discrecionalidad. Que un programa este basado en el hecho de que el programa de acción diferida representa una clase grande, no es inconstitucional ya que conserva una revisión de caso por caso. Esta decisión fue afirmada recientemente por la corte de Apelaciones.

En 2012, Mississippi impugnó la legalidad del programa de DACA en un caso similar a la demanda de Texas. El caso fue desestimado porque el juez determinó que las supuestas dificultades económicas reclamadas por el estado eran especulativas. Desde entonces, los estudios han demostrado que las iniciativas de acción diferida son económicamente beneficiosas.

Mientras que el gobierno desafía las objeciones judiciales a los programas de DACA y DAPA, mientras tanto, usted debería discernir si usted califica para la acción diferida o cualquier otra situación jurídica. Si usted califica para beneficios de inmigración, usted debe hablar con un abogado y empezar. Si usted califica para DACA bajo los lineamientos de 2012, todavía puede aplicar. Si solamente califica para DACA o DAPA bajo los requisitos de 2014, debe empezar a prepararse para aplicar recogiendo los documentos que necesita y asegurándose de que usted no está descalificado. Su mejor oportunidad de éxito es la preparación.

¿Acción diferida me puede ayudar conseguir una tarjeta verde?

Acción diferida es una suspensión temporal de posibilidad de deportación de un grupo de inmigrantes calificados. Si cumple con los criterios, el inmigrante recibirá tres años de permiso de trabajo (dependiendo del programa) además de la protección contra la deportación. Este programa debe ser renovado cada dos o tres años.

¿Cómo se puede utilizar la acción diferida para lograr un estado legal permanente?

Para los inmigrantes que tienen un relativo familiar inmediato puede aplicar para su green card y si entró ilegalmente en los Estados Unidos, acción diferida puede ser el primer paso para un estatus legal permanente. ¿Cómo? Bueno, primero el inmigrante debe aplicar y recibir la acción diferida, o DACA 2012, 2014 DACA o DAPA 2014. Una vez que se concede el aplazamiento, deberá aplicar para lo que se llama Advance Parole (Perdón Adelantado). Este es un proceso por el que al inmigrante se le otorga un permiso para regresar a los EE.UU. después de visitar su país de origen. El recorrido suele ser por razones humanitarias, de trabajo o de educación. Simplemente no puede ser, "Echo de menos a mi familia".

Después de que se le conceda el perdón adelantado, el inmigrante debe salir de los Estados Unidos. A su regreso, el inmigrante será "admitido, inspeccionado o tendrá su perdón condicional" en los Estados Unidos. Esto le da una entrada legal a Estados Unidos, incluso si inicialmente entraron sin inspección, que puede utilizarse como base para un ajuste de aplicación de estado basada en una relación cualificada con un cónyuge ciudadano estadounidense, padres o hijos mayores de 21.

Ejemplo de un caso - Sergio

Tomemos por ejemplo, Sergio. Nació en Chile pero entró a los Estados Unidos sin inspección en 2002. Está casado con la Sra Magdalena, ciudadana de los Estados Unidos y tiene dos hijos que son ciudadanos de los Estados Unidos. Su esposa hoy podría aplicar para su tarjeta verde, pero porque entró sin permiso necesitaría hacer un proceso consular fuera de Estados Unidos. A razón de que vivió en los Estados Unidos por muchos años sin permiso, en el momento que el salga del país, no podrá regresar por 10 años, lo que significa que Sergio debe solicitar y recibir una exención que le perdone el haber entrado sin permiso.

Él no ha aplicado para ello. Puede solicitar la exención en los Estados Unidos, pero no quiere correr el riesgo. Así que se quedó sin estado legal por más de 10 años.

Sergio ahora podrá solicitar la DAPA. Una vez que él haya obtenido su DAPA entonces el deberá aplicar para el perdón condicional anticipado. El Presidente Obama anunció el 20 de noviembre de 2014 que el Perdón condicional adelantado no se tomara en cuenta la prohibición de regresar por 3 o 10 años estipulados por la ley, en el momento de que el inmigrante aplico y recibió un permiso de salir y regresar a los Estados Unidos. Una vez que el regrese a los EE.UU, ya tendrá una entrada legal, que permitirá que su esposa o hijos de más de 21 años, ciudadanos de los EE.UU. puedan solicitar su cambio de estado legal (tarjeta verde). Basado en los tiempos de procesamiento del 2015, en 4 a 6 meses después de la presentación de la solicitud para ajuste de estado, Sergio podría ser un residente legal permanente.

¿Qué pasa con los inmigrantes que están en proceso para la dispensación Provisional de presencia ilegal que el Presidente Obama inició en marzo de 2013? Este mismo proceso puede ser utilizado para ellos. Si la pareja tiene problemas para demostrar dificultades extremas de un ciudadano estadounidense o residente permanente legal, que es cónyuge o padre de un ciudadano, puede utilizar el Perdón condicional adelantado para ganar una entrada legal y solicitar su ajuste de estado. Esto sería un proceso más largo que alguien que ya está en la etapa de renuncia, pero para algunos esto puede ser mejor.

Como se puede ver, inmigración a veces requiere de un pensamiento creativo para resolver los desafíos de la inmigración. Aunque para muchos la acción diferida es alivio temporal, para cada solicitante de DAPA, si la ley no cambia, serán capaces de obtener el Perdón condicional adelantado y con una entrada legal tendrán derecho a una tarjeta verde, en algún momento en el futuro.

Capítulo 12

Naturalización

Usted si ha obtenido la residencia legal permanente a través de uno de los procesos mencionados en los capítulos anteriores. Ahora quiere cambiar su estatus, obteniendo la ciudadanía de los Estados Unidos. Este proceso se denomina naturalización.

La Constitución da muchos derechos a los ciudadanos y no ciudadanos; Sin embargo algunos derechos están reservados para los ciudadanos solamente. Voto y elegibilidad para empleos federales son beneficios de la ciudadanía. También afecta a su familia desde que los ciudadanos tendrán prioridad cuando se aplica para traer a la familia a los Estados Unidos y, en general, un niño nacido en el extranjero a un ciudadano de los Estados Unidos, o sea que también es un ciudadano estadounidense. Cuando se trata de viajar, un pasaporte de Estados Unidos le permite obtener ayuda consular del gobierno de Estados Unidos cuando en el extranjero.

Cuando usted toma el juramento de lealtad y se convierte en un ciudadano de los Estados Unidos, usted renuncia a todas las lealtades previas a cualquier otra nación o soberanía y jura lealtad a los Estados Unidos Esto significa que promete apoyar y defender la Constitución y las leyes de los Estados Unidos y servir al país cuando sea necesario.

Para solicitar la naturalización debe:

- *Ser mayor de 18 años;*

- *Ha sido un LPR por 5 años a menos que este casada/o con un ciudadano/a Americano/a, en cuyo caso el periodo de espera es de 3 años;*

- *Ha residido en los Estados Unidos por 30 meses (de un total de 60 meses) durante sus cinco años como un LPR. O, si está casado/a con un ciudadano/a, entonces debe de haber residido 18 meses en los Estados Unidos durante los últimos 3 años (o 36 meses);*

- *Ha residido en el estado o distrito donde comenzó este proceso, durante tres meses antes de aplicar;*

- *Generalmente, no ha hecho un viaje de 6 meses o más durante los últimos 5 años (o 3 años si se casó con un ciudadano Americano).*

También tendrá que cumplir con otros requisitos que incluyen elementos que consideran su elegibilidad para convertirse en ciudadano Estadounidense. Esto significa que:

- *Debe ser capaz de leer, escribir y hablar un inglés básico;*

- *Deberá demostrar que posee los conocimientos básicos de los fundamentos de la historia de Estados Unidos, así como conocimientos de los principios cívicos del gobierno Estadounidense;*

- *Debe demostrar que es una persona con buen carácter moral, en otras palabras, que no tiene antecedentes penales;*

- *No puede estar atrasado en los pagos de sus impuestos;*

- *Si es un hombre entre 18 y 26 años de edad, debe estar inscrito en el servicio selectivo (para servicio en las fuerzas armadas de los Estados Unidos);*

- *Debe estar dispuesto a apoyar la Constitución de los EE.UU., a hacer el servicio militar o civil si es necesario y estar dispuestos a tomar el "Juramento de Lealtad a los Estados Unidos.*

¿Necesito hablar inglés para convertirse en un ciudadano?

Uno de los requisitos para la naturalización es demostrar que puede hablar el Inglés. Hay sólo un par de circunstancias donde esto puede ser renunciado. El más común es debido a la edad y la cantidad de tiempo que ha sido titular de la tarjeta verde. Si tiene más de 50 años de edad cuando aplica para la ciudadanía y tenía una tarjeta verde por más de 20 años, o si usted es mayor de 55 años cuando aplique y ha tenido una tarjeta verde por 15 años, usted no necesita hablar inglés para ser naturalizado. Todavía tendrá que tomar el examen. También deberá traer un intérprete con usted. Una segundo excepción es si tiene una incapacidad física o mental que impide que se cumpla este requisito. Su médico, deberá rellenar el formulario N-648 "Certificación medica de excepción por incapacidad", que deberá ser presentado junto a la aplicación.

¿Es usted descalificado para convertirse en un ciudadano?

No es suficiente concentrarse en las calificaciones, también debe tener en cuenta lo que le puede descalificar de convertirse en ciudadano estadounidense. La razón más común para ser descalificado, es la falta de buen carácter moral. Por ejemplo, hay ciertos delitos, como asesinato, que son razón de descalificación permanente para la naturalización. Otros son motivos temporales. Sin embargo, en la aplicación usted deberá revelar cualquier y toda la condena, aunque haya sido expurgada (borrado de sus antecedentes) o que era una cuestión juvenil y sellada (antes de los 18 años).

Ejemplos de falta de buen carácter moral son delitos graves tales como los actos de terrorismo, de asesinato, violación, abuso sexual de un niño, asalto violento, el tráfico de drogas, armas de fuego, o personas, o lo que es definido como un delito mayor agravado. Pero también incluye cosas como embriaguez habitual, falta de pagos de mantención de niños, ordenado por la corte, apuestas ilegales, la prostitución o poligamia (matrimonio con más de una persona al mismo tiempo). Si le arrestaron, debe proporcionar una copia certificada de la resolución de la corte, el informe del arresto, disposición de la corte, condena y cualquier otra evidencia que usted desea que el USCIS a considere., Asuntos de tráfico en general, no entran en esta categoría, a menos que sean por alcohol o drogas o impliquen multas de más de $500 (muchas multas son mayores de este límite monetario). Por esta razón es una buena idea que un abogado de inmigración revise sus antecedentes penales y el sumario de faltas de transito antes de aplicar.

Parte del proceso de solicitud se llama biométrico; aquí es donde la inmigración toma sus huellas digitales y luego confirma la información en su solicitud con la base de datos de información. Eso puede incluir aplicaciones previas, antecedentes penales, impuestos y hasta viajes que hizo fuera de los Estados Unidos No tome ningún riesgo.

Si usted no dice la verdad en su solicitud o durante la entrevista, su solicitud será negada por falta de carácter moral. USCIS asume cada aplicación es fraudulenta. Desde su perspectiva no hay ningún error inocente. Fraude, también puede resultar en la pérdida de su tarjeta de residencia y que sea deportado.

Estudio de caso: Hijo extramatrimonial

Francisco Trujillo nació en la República Dominicana. Conoció a Adelia, ciudadana estadounidense, mientras estaba de vacaciones. Se enamoraron y fue a visitarla en Puerto Rico. Se casaron y ella presentó una petición de familia inmediata para él, la cual, fue concedida. Él recibió una tarjeta de residencia condicional. Una vez que la tuvo, él fue a visitar a su familia en la República Dominicana. Mientras que estuvo allí, le fue infiel a su esposa y dejo a una mujer embarazada que dio a luz en Nueva York.

Francisco, mientras tanto, volvió a Puerto Rico. Dos años después de recibir su tarjeta de residencia condicional, él y su esposa presentaron una petición conjunta para eliminar estas condiciones. Durante este proceso no reveló que tenía un hijo nacido de una infidelidad de una noche.

Años más tarde su naturalización fue rechazada porque él omitió el tener un hijo nacido fuera de su matrimonio. Él reveló esta información por primera vez en su entrevista. Esta negación podría haberse evitado si él hubiese tenido un abogado de inmigración para asistirle con su petición de naturalización.

Capítulo 13

¿Necesito a un abogado?

No. No necesita a un abogado de inmigración para su caso. Estoy seguro de que no esperaba esa respuesta. La verdad es que no existen reglas o reglamentos que requieren de un abogado para manejar su caso de inmigración. Una audiencia puede re-  alizarse sin un abogado o cualquier solicitud puede ser presentada. Sin embargo, al no estar legalmente obligados a tener un abogado no es razón para no considerar contratar a uno.

Estudio de caso: casarse en el extranjero

Beatrice y Carlos se casaron en México. Carlos llego a los Estados Unidos a trabajar y se convirtió en un LPR con la ayuda de un abogado. Beatriz y sus tres hijos llegaron a Estados Unidos sin permiso después de que su visa fue negada. Con la ayuda de un abogado, Carlos recibió su ciudadanía. Entonces decidió ahorrar el costo de un abogado y aplico para su esposa e hijos por su cuenta. Porque Carlos no tomo en consideración el pasado de su esposa, su petición fue rechazada en la entrevista. Sus tres hijos fueron aprobados y también se convirtieron en residente permanentes. Carlos entonces busco a un abogado. Le tomó más de tres años y muchos miles de dólares hasta que Beatrice se convirtió también en un LPR. Si Carlos hubiese buscado consejo legal desde el principio, la cuestión de las entradas previas al país sin permiso podría haber sido tratadas adecuadamente. Esa omisión le costó años muy caros de litigación judicial.

¿Qué puede hacer un abogado por mí?

Los asuntos de inmigración son cada vez más complejos. Tratando de "hacerlo por sí mismo" o usar a un amigo inexperto, pariente o un individuo que no es abogado licenciado puede tener consecuencias graves. Cada año, cientos de personas con méritos, pierden su oportunidad de inmigrar legalmente a los Estados Unidos porque se atienen a malos consejos. Lo que usted podría considerar un pequeño descuido o error menor puede, de hecho, poner su futuro y el de su familia en riesgo.

La ley de inmigración estadounidense es una de las zonas más políticamente divisivas del ordenamiento jurídico, y por lo tanto, no resulta sorprendente que se ha puesto increíblemente compleja y está en constante evolución. No menos de 5 agencias principales administran el sistema de inmigración de Estados Unidos, y muchos otros organismos desempeñan algún papel en el proceso.

Durante los últimos diez años, las normas para obtener residencia legal o ciudadanía estadounidense y para luchar contra la deportación, se han vuelto más complicadas. Durante este mismo período, se han ampliado enormemente los esfuerzos de aplicación de la ley contra los inmigrantes. Usted no debe subestimar las probabilidades en contra suyo. Obtener beneficios de inmigración es más duro hoy día que antes.

Abogados de inmigración necesitan años de educación y formación. Además, los abogados están obligados a mantenerse al día con las novedades de la ley, y a través de cursos de educación jurídica continua. Miembros de AILA (American Immigration Lawyers Association) son particularmente bien informados y se han especializado en leyes de inmigración. Ellos saben cómo representarlo en una audiencia de inmigración. Con tanto en juego, ¿para qué arriesgarse con su futuro sin tener a su lado un profesional debidamente entrenado y educado?

Muchos abogados son contratados después de que la persona ha intentado representarse a él o a ella misma o a través de un amigo inexperto, pariente o un "asesor". Lamentablemente, deshacer el daño no siempre es posible y siempre será mucho más caro que el haber tomado a un abogado desde el principio.

Un amigo acaba de pasar el mismo proceso que yo mismo. ¿Simplemente no puedo hacer lo mismo que ellos?

Incluso dos individuos con situaciones similares pueden requerir profundamente diferente enfoque para aplicar con éxito para el estatus legal. Abogados de inmigración AILA, igual que los de Andres Mejer Law, basados en su experiencia y calificaciones, son mejor calificados para revisar su caso y aconsejarle sobre la mejor manera de resolver los retos particulares de su caso de inmigración. Abogados son los únicos que pueden representarlo en el Tribunal Federal.

Inmigración a los Estados Unidos, reunificación familiar, reclamos de refugiados, permisos de trabajo, visas de estudio o extensiones, son todas las materias que usted se puede beneficiar enormemente con la formación, experiencia y atención al detalle que le puede proporcionar un experimentado abogado de inmigración AILA.

Hay diferencias muy claras entre una petición basada en vínculo familiar y una defensa de deportación. Incluso en una aplicación basada en vínculo familiar, si alguien está ajustando su estatus en los Estados Unidos o fuera de Estados Unidos a través de procesamiento consular, cambia profundamente la manera de manejar el caso.

Independientemente de cómo cambia su estatus, todavía pueden requerir una renuncia por algo que ocurrió en el pasado.

Estudio de caso: Matrimonio en los Estados Unidos

Orlando, un ciudadano estadounidense, estaba visitando a su familia en Colombia cuando conoció a Mariana. Conectaron al instante y retraso su regreso a Estados Unidos con el fin de pasar más tiempo con ella. Cuando regresó a los Estados Unidos, fue a ver un abogado de inmigración y presentó una aplicación de visa de prometida. Rápidamente se casaron y pidió la tarjeta de residente condicional de su esposa, que fue concedida. Dos años más tarde, decidieron aplicar, sin consultar con un abogado, la petición conjunta para eliminar las condiciones de su tarjeta verde. La primera vez que aplicaron, aplicaron muy tarde, sin proporcionar una explicación y su solicitud fue negada. Explicaron la demora en su segunda petición, pero presentó la tarifa de aplicación equivocada y se le negó otra vez. Apeló la negación, pero no pudo presentar los documentos justificativos. Sobre negación de la apelación, se iniciaron procedimientos de deportación contra Mariana. Sólo en este momento comenzaron Orlando y Mariana a solicitar ayuda legal. Su abogado presentó la petición para remover las condiciones con la correcta documentación; la petición fue concedida y las audiencias de retiro fueron terminadas. Este proceso, tomo tanto tiempo, que inmediatamente después de recibir su tarjeta verde permanente, Mariana aplico para la ciudadanía. Miles de dólares en honorarios y años de temor y angustia, podrían haberse evitado si el abogado hubiese sido contratado desde el principio.

A pesar de que tanto esta situación y las circunstancias de Carlos (desde el comienzo del capítulo) fueron similares en que ambos querían ayudar a su compañero a inmigrar a los Estados Unidos, cada uno tenía diferentes factores atenuantes. Lo único que tenían en común es que gastaron miles de dólares para solucionar un problema que ellos mismos crearon. También pasaron meses o años sin saber si sus esposas serían permitidas a permanecer en los Estados Unidos, debido a los errores cometidos al presentar la documentación.

¿Cuánto cuesta?

¿Cuánto vale su futuro? No caiga en manos de alguien que es inexperto o sin licencia. Abogados, especialmente miembros de AILA, reciben formación jurídica especializada y son sin duda los profesionales más cualificados para manejar los casos de la inmigración a los Estados Unidos cuando los riesgos son tan altos, confié su futuro a un abogado AILA que sea competente, asegurado y regulado.

No debe tomar su decisión exclusivamente basándose en los honorarios de un abogado. Es por ello que el siguiente capítulo le da una lista de preguntas para ayudarle a que usted encuentre el mejor abogado para usted.

¿No puedo simplemente usar el sitio web del gobierno?

Usted puede, y debe, usar los recursos proporcionados por sitios Web gubernamentales para educarse sobre el proceso de inmigración. Cuanta más información tiene, mejor puede ayudar a su abogado de inmigración AILA experimentado, en la representación de usted, de tal modo ahorrándose tiempo y dinero.

La información proporcionada en varios sitios web es un buen recurso, pero no puede responder a su conjunto de circunstancias personal, ni puede reemplazar el asesoramiento específico ofrecido por su abogado de inmigración AILA.

Considere lo siguiente con respecto a los sitios web del gobierno:

- *No tienen ninguna responsabilidad u obligación por la información que proporcionan;*
- *Ellos son mantenidos por agencias policiales, funcionando normalmente bajo el mandato para desalentar la inmigración;*
- *Oficiales de inmigración, raramente están entrenados en las leyes de inmigración y no se mantienen al día con las últimas novedades;*
- *Situaciones individuales de los casos, difieren radicalmente y las agencias no tienen los recursos para evaluar su caso y aconsejarle sobre la mejor manera de proceder adecuadamente.*

Incluso si rellena la solicitud usted mismo, su falta de experiencia podría conducir a errores que pueden ser costosos en términos de tiempo y dinero. Si tiene que contratar a un abogado, luego de que surge un problema, sus errores pueden limitar sus opciones y los honorarios de abogados de inmigración serán mucho más altos, por las dificultades agregadas, para poner en orden su situación.

Un abogado de inmigración AILA puede darle una evaluación exhaustiva de su caso y explicar las opciones disponibles para usted, basado en la ley actual. Ellos también le pueden asesorar de los cambios inminentes que pueden beneficiar o entorpecer su proceso. Un abogado de AILA puede trabajar con usted para preparar su caso y, si es necesario, representarlo ante el organismo administrativo que procesa su petición. El abogado AILA también será capaz de explicar a la agencia gubernamental porque su caso cumple con los requisitos legales y, si surgen problemas, el abogado tiene recursos adicionales disponibles para ayudar a resolver el problema o, en el peor de los casos, preparar su caso para una apelación.

Independientemente de los hechos particulares de su caso,

usted merece tener un abogado que entiende con lo que usted se enfrenta, y que puede preparar el mejor caso para su éxito, debido a su formación académica, capacitación y experiencia ayudando a otros que han estado en la misma situación suya.

Capítulo 14

7 preguntas claves para ayudarle a elegir su abogado de inmigración

Contratar a un abogado de inmigración, miembro de AILA experimentado, es quizás la decisión más importante que usted hará en su reto de la inmigración. Consulte el Internet o busque en una guía de teléfono, y usted verá que hay muchos abogados que representan a inmigrantes.

No contrate a un abogado general; usted necesita a un abogado miembro de AILA que se concentra en casos de inmigración. Un abogado experimentado de AILA sabrá usar técnicas para que usted consiga los resultados que se merece.

Debe hacer preguntas antes de contratar un abogado. No espere hasta después de que han retenido al abogado para evaluar si él o ella es competente para que lo represente en su caso de la acción diferida. A continuación encontrará preguntas para hacer al entrevistar a abogados:

1. ¿ES SU ABOGADO REALMENTE UN ABOGADO CON LICENCIA PARA PRACTICAR EN AL MENOS UN ESTADO?

No se deje engañar por las estafas de "consultores de inmigración" o notarios. Muchos de ellos no tienen una licencia para ejercer la abogacía. Ninguna comunidad inmigrante es inmune.

Lamentablemente, cuando se discute cualquier nuevo programa pro inmigración, estos estafadores abrirán oficinas que, en la superficie, prometen buscar beneficios para inmigrantes bajo estas nuevas leyes. Su verdadero propósito es hacer enormes ganancias a corto plazo y desaparecer antes de que el servicio de inmigración (USCIS) o de otra agencia gubernamental procese las peticiones.

El USCIS no reconoce a consultores de inmigración y no les permitirán a intervenir en su favor cuando surja un problema. Consultores de inmigración sostienen que sólo asisten a personas en cumplimentación de formularios. Pero el USCIS ha advertido al público que aplicar para una visa, ciudadanía o acción diferida es más que sólo cumplimentación de formularios. Existen regulaciones detrás de la mayoría de las preguntas formuladas en los formularios USCIS y preguntas que pueden parecer sencillas en realidad están diseñadas para obtener información relativa a un asunto complicado de la ley.

El 09 de agosto de 2012 Gregory Escandell fue detenido, entre otras cosas, pretendiendo ser un abogado de inmigración. La acusación alega que le robó dinero por lo menos a siete personas en el área de Long Branch. Él no tiene licencia para ejercer la abogacía en cualquier estado, pero se desempeñó como abogado de inmigración. No sea como esas siete víctimas, asegúrese de que su representante es un abogado con licencia.

Al elegir un abogado de inmigración, tenga cuidado con lo siguiente:

- *Notarios, consultores, agencias de servicio, agencias de viajes u otros que prometen soluciones rápidas y fáciles a los problemas de inmigración;*
- *Quien le garantiza una visa a cambio de una cierta cuota;*
- *Abogados de otros países que no conocen las leyes de Estados Unidos y no tienen licencia para practicar en los Estados*

Unidos;

- *Personas que dicen que "saben de alguien" que tiene una "ventaja" o cualquier persona que quiera dinero para influir o sobornar a los funcionarios;*

- *Desconfíe de los operadores sin licencia! Ellos no son responsables ante nadie. Son re- conocidos por tomar dinero de la gente y haciendo poco o nada a cambio. O peor aún, pueden mentir al gobierno en su nombre para una solución rápida y sencilla que al final pueda resultar en su deportación o exclusión permanente de los Estados Unidos;*

- *Si no está seguro de la persona que le ofrece servicios de inmigración es un abogado o un representante acreditado, pida ver las cartas de acreditación o certificado de admisión de bar de Estados Unidos.*

Si usted todavía no está seguro, llame el State Bar Association. Recuerde, en los Estados Unidos, es ilegal ejercer la abogacía sin licencia. En la mayoría de los Estados, estos consultores de inmigración están violando la ley por ejercer la abogacía sin licencia.

2. ¿Es su abogado miembro de AILA?

La Asociación Americana de abogados de inmigración (AILA) es la única asociación legal en los Estados Unidos para los abogados de inmigración. AILA fue establecida para promover la justicia, abogar por la política y la ley de inmigración justa y razonable, avanzar en la calidad de inmigración y nacionalidad y practicar y mejorar el desarrollo profesional de sus miembros. AILA es probablemente el mejor recurso para obtener información actualizada de las leyes de inmigración. Mientras que ser miembro de AILA no ofrece una garantía de calidad, indica que el abogado está luchando en este rubro de la ley, con sus rápido cambios de regulaciones. Andrés Mejer es un orgulloso miembro de AILA.

3. ¿QUIÉN SERÁ SU ABOGADO?

En algunas oficinas, se reunirá con un socio con experiencia en la consulta inicial. Sin embargo, en lugar de enviar al socio experimentado al tribunal, un inexperto asociado es enviado para que lo represente. Asegúrese de enterarse quien conducirá su caso antes de tomar una decisión final sobre qué empresa contratar. *En Andrés Mejer Law & asociados, será representado por nuestros experimentados abogados de principio a fin.*

4. ¿QUÉ LE COBRARÁ EL ABOGADO PARA SUS SERVICIOS?

Asegúrese de que el precio de los servicios será el mismo precio que fue cotizado por teléfono o a través de un anuncio de publicidad. No todos abogados honran el precio que cotización. Los costos de los asuntos de inmigración varían enormemente. Por ejemplo, una defensa de deportación generalmente costará significativamente más que el traer a su amada de su país de origen. *En Andrés Mejer Law, usted tendrá la seguridad de saber exactamente cuánto su caso le costará. Cobramos una tarifa plana, lo que significa que independientemente de cuánto tarda su caso para llevar a cabo o cuánto trabajo haremos en su nombre, usted está cubierto con los honorarios aceptados. Aceptamos planes de pago.*

5. EL ABOGADO O ABOGADOS TIENEN UN HISTORIAL DISCIPLINARIO CON LA BARRA DE ESTADO DE CUALQUIER ESTADO?

Abogados que cometen conductas antiética en Nueva Jersey

están sujeto a acciones disciplinarias que van desde una amonestación (la disciplina menos grave) a una amonestación grave, censura, suspensión de licencia, o anulación permanente de la licencia. Usted debe saber quién es su abogado y que incluye la historia personal de él. Puede chequear las historias disciplinarias en:

http://www.Judiciary.state.NJ.US/OAE/Discipline.htm

En Andrés Mejer Law, ninguno de nuestros abogados han sido citados por ninguna violación ética antes de cualquier estado o Barr association(oficina de licencias de abogados).

6. PREGÚNTELE AL ABOGADO QUE LE EXPLIQUE SU CASO EN DETALLE.

La comunicación con su abogado puede comprobarse con esta cuestión. ¿Cómo responde él o ella, le puede mostrar su carácter, inteligencia y experiencia en el manejo de este tipo de casos. *En Andrés Mejer Law, nuestra reunión inicial incluirá un desglose de su caso y nosotros le explicaremos todos los pasos que tomaremos para lograr su meta.*

7. ¿SU ABOGADO LO TRATA CON AMABILIDAD, RESPETO Y DIGNIDAD?

Detrás de cada caso de inmigración hay una historia humana. Los inmigrantes vienen de todas partes del mundo. Cada uno trae una historia familiar única, conjunto de creencias, lenguas y tradiciones. Se merece usted, un abogado que trate a sus costumbres y opiniones con respeto. *Yo he vivido en tres países diferentes y experimentado tres diferentes idiomas, culturas y tradiciones. Viví la experiencia del inmigrante, similar a la que usted tiene.*

Capítulo 15

Nueve Consejos y Métodos

Hay muchas cosas que puede usted hacer para facilitar su proceso de inmigración. He compilado esta lista como resultado de mi vasta experiencia como abogado de inmigración. El proceso de inmigración puede parecer abrumador y es fácil perder de vista detalles aparentemente obvios.

Consejo #1: No aplique si no está usted seguro de ser elegible

Esto puede parecer obvio, pero no corra ningún riesgo. Procedimientos de deportación que no han sido iniciados contra usted, no significa que no serán iniciados. Los requisitos para un beneficio de inmigración parecen sencillos, pero también son los hechos descalificadores. Si usted no califica, por ejemplo, debido a un acto criminal, su aplicación será negada. En el mejor de los casos, usted perderá la cuota. En el peor, puede usted ser colocado en proceso de remoción. Si no cumple con todos los requisitos, no aplique hasta que los problemas sean remediados y usted pueda calificar.

Consejo #2: Consultar a un abogado antes de aplicar

Si usted tiene alguna pregunta acerca de su elegibilidad, especialmente si usted ha viajado fuera de los EE.UU. desde su primera fecha de llegada o si ha tenido problemas con la policía, usted debe consultar con un abogado de inmigración para asegurarse de que usted califica.

Para más beneficios de inmigración, un abogado puede aconsejarle si

1. Usted califica para aplicar;

2. Tiene pruebas suficientes para probar su caso; y

3. Puede presentar su solicitud en la mejor forma para obtener los resultados más rápidos.

Usted tiene sólo una oportunidad de hacer las cosas bien. ¿Aunque usted tendrá que pagar a un abogado por sus servicios, su seguridad futura no lo merece? No ponga en peligro su futuro. Contáctese con un abogado de inmigración calificado hoy.

Estudio de caso: usando un "Consultor" en vez de un abogado

Guadalupe Ríos llegó a los Estados Unidos en 2006. Fue capturada en la frontera y colocada en las audiencias de remoción. En 2007 ella no compareció en la corte y el Juez ordeno su deportación-.

En el año 2009 se casó con Tom White, un ciudadano de los Estados Unidos. Ellos fueron a una consultante de inmigración y preguntaron cómo ella podría obtener estado legal. El asesor le dijo que ella regrese a México y que Tom aplique para ella desde Estados Unidos El consultor prometió que estarían juntos en seis meses.

El consultor estaba equivocado. Al no comparecer en el Tribunal, Guadalupe llegó a ser inadmisible por cinco años. Ella no puede obtener un perdón para esto. Pero ella podría haber presentado una moción para abrir la orden de deportación. ¡Guadalupe y Tom ya llevan separados cuatro años! Todo porque trataban de ahorrar dinero yendo a un consultor en lugar de un abogado.

Consejo #3: Tome su tiempo

Es imprescindible que demuestre cada elemento necesario para el beneficio de inmigración o desafío. Es una aplicación seria. No lo tome ligeramente. Usted puede tener sólo una oportunidad de hacer las cosas bien. Pecar de cauteloso, no existe tal cosa como demasiada evidencia considerando que puede ser negada su petición si usted provee muy poca información. Lo que presenta y cómo se presenta es extremadamente importante.

Consejo #4: Conteste todas las preguntas sobre la aplicación

Usted debe contestar todas las preguntas antes de presentar su solicitud. Revise la solicitud antes de enviar a USCIS. Si deja áreas en la aplicación en blanco, el USCIS puede emitir una solicitud de pruebas para obtener información que creen que le falta. Esto puede retrasar su solicitud por meses. Si no sabe la respuesta a una pregunta, escriba "desconocido"; si no aplica la pregunta a su caso, escriba "N/A".

Esto también se aplica a los documentos, asegúrese de que proporciona toda la evidencia requerida, según se indica en las instrucciones para el formulario correspondiente.

Consejo #5: No mentir ni tergiversar hechos en la aplicación

Al firmar una solicitud de inmigración, también se firma una declaración de que el contenido de la solicitud es exacto y veraz. En cualquier entrevista, usted será puesto bajo juramento antes de que se le haga una sola pregunta. Si USCIS no cree que una respuesta es correcta o, peor aún, si tienen prueba de que una respuesta es incorrecta, USCIS tomará la posición de que usted ha mentido intencionalmente no importa si inocentemente, cometió el error. Recuerde, USCIS asume que está mintiendo y busca cualquier evidencia para apoyar esa conclusión. La mejor manera de evitar inconsistencias es declarar la verdad en todo momento. Por último, tenga en cuenta de que USCIS va a comparar la información en su solicitud con la información proporcionada en todas sus aplicaciones anteriores, así que esté preparado para explicar las discrepancias. También tienen acceso a grandes bases de datos sobre su pasado.

Usted debe revisar la aplicación muy cuidadosamente antes de enviarla. Es fundamental el no mentir o tergiversar cualquier información. Al firmar la solicitud está usted jurando que toda la información contenida en esa solicitud es verdadera. USCIS no le dará el beneficio de la duda. Si creen que ha tergiversado, asumirán lo peor y probablemente comenzarán audiencias de remoción contra usted.

Si usted no sabe la respuesta a una pregunta, no mienta y no adivine. Este absolutamente seguro de su respuesta antes de colocarla en el formulario. Si no está seguro de cómo usted entró a los Estados Unidos, por ejemplo, no diga sólo "ilegalmente". Si no está seguro, consulte con un abogado de inmigración.

Consejo #6: No envíe documentos originales

La solicitud incluirá los documentos justificativos necesarios. Nunca debe enviar documentos originales a USCIS a menos que sea específicamente requerido por las instrucciones. Correo puede perderse en el camino y USCIS puede perder documentos, su archivo es transferido desde una oficina a otra. En cambio, mande por correo **copias** de sus documentos con su solicitud y lleve los originales a la entrevista para que ambos pueden ser comparados. USCIS puede ignorar cualquier documento si no tienen la oportunidad de examinar el original. Por supuesto, guarde una copia completa de cualquier cosa que envié a USCIS para sus archivos.

Asegúrese de enviar su solicitud utilizando un método que

puede realizar un seguimiento, como USPS correo certificado, Federal Express, DHL o UPS. Esa manera usted tendrá prueba, no sólo que USCIS recibió su solicitud, sino también de la fecha en que lo recibieron. De esta forma usted puede probar exactamente lo que usted envió en caso de que se pierdan. Ocurren errores. Esto le ayudará a demostrar que usted no hizo uno.

Si usted es seleccionado para una entrevista, lleve una copia de su expediente completo, junto con los originales, y hable con un abogado de inmigración antes de su entrevista.

Si su aplicación tarda más tiempo en ser decidida que el procesamiento de tiempos otorga (disponible en www.uscis.gov), usted puede pedir a USCIS cuál es la causa de la demora.

Consejo #7: Solicite sus antecedentes penales

Si usted alguna vez ha tenido cualquier riña con la ley, debe obtener un record criminal completo y haga que lo revise un abogado antes de solicitar un beneficio de inmigración. Aunque USCIS ha garantizado la confidencialidad de la información suministrada en la solicitud, ciertos antecedentes penales dará como resultado que el caso sea referido a ICE. Esto significa que en algunas circunstancias, usted se encontrará en proceso de remoción.

Es fundamental que tenga estos documentos revisados para asegurarse de que usted voluntariamente no está proporcionando información que podría conducir a procedimientos de deportación. Si fue usted víctima de un crimen, es importante que un abogado revise su caso porque usted puede ser elegible para una Visa U.

También debe considerar las aplicaciones futuras. No presente cualquier información que puede causar problemas en una futura entrevista o cita.

Estudio de caso: convicciones anteriores

Joseph Portillo fue a un abogado de Nueva York para aplicar para estado de protección temporal (TPS). Converso con una paralegal por teléfono primero donde ella le hizo una serie de preguntas. Más tarde, cuando José fue a la oficina, la asistente le hizo firmar que fue luego enviado por correo.

Desafortunadamente, nadie había preguntado a José si él alguna vez había sido detenido. De hecho, había sido declarado culpable de los incidentes separados que automáticamente lo excluían de cualquier posibilidad de TPS. Su petición fue denegada y fue puesto en las audiencias de remoción. Miles de dólares en litigios podrían haberse evitados si el abogado de Nueva York hubiese hecho una verificación de antecedentes penales antes de aplicar o simplemente le hubiese preguntado a Joseph.

Consejo #8: Traiga los documentos originales de soporte para la entrevista

Usted debe traer documentos originales y actualizados a su entrevista, incluyendo pruebas de declaraciones de impuestos recientes, últimos viajes al exterior, o recientes problemas criminales. Además, si usted se está presentando para la ciudadanía basado en su matrimonio con un ciudadano americano, el oficial querrá ver pruebas que aún viven juntos en el momento de su entrevista, así que traiga recientes contratos de arrendamiento, pólizas de seguros, estados de cuenta de banco conjunta, facturas, o cualquier otra evidencia que usted tiene al seguir viviendo en una relación matrimonial.

Deben traer los originales de todos los documentos copiados que ha presentado con su solicitud inicial, así como un original y una copia de los documentos actualizados.

Consejo #9: No sea una víctima

Igual que hay muchos abogados competentes que pueden ayudarle con su beneficio de inmigración o desafíos, hay quienes están tratando de tomar ventaja de usted. No sea víctima de fraude. Este libro le proporciona la información que necesita para ser un consumidor educado. Aquí están algunas sugerencias para evitar ser una víctima más:

- *Estar absolutamente seguro de que su abogado es en realidad un abogado de buena reputación en su estado. Póngase en contacto con el colegio de abogados del estado y asegúrese que él o ella tiene licencia;*

- *Usted nunca debe pagar por los formularios en blanco, que están disponibles de forma gratuita en www.USCIS.gov;*

- *Usted siempre tiene derecho a una copia completa de la solicitud en su nombre y revísela cuidadosamente antes de firmarlo;*

- *No debe firmar un formulario en blanco. Si ya han firmado un formulario en blanco, haga una copia completa del formulario rellenado.*

Lo más importante, confíe en sus instintos. Si algo en el comportamiento de su abogado le pone incómodo o cree que sus acciones son discutibles, no dude en cambiar de abogado. Recuerde que su abogado trabaja para usted y usted tiene el derecho a ser tratado con respeto y estar plenamente informado en todo momento.

Quiere usted
¿UNA TARJETA VERDE?

Solo siga estos pasos simples para recibir $299.90, de asistencia gratuita.

1. **Prepare la asesoría de su caso GRATIS (valuado en $149.95).**

2. **Concierte una cita GRATIS con nuestro amable personal (valuado en $149.95)**

3. **Envié su petición.**

Nosotros creemos que un cliente educado es el mejor cliente. Deseamos darle importante información GRATIS, pero nuestro tiempo es limitado. Solo daremos esta oferta gratis a diez personas por mes. No espere para comenzar. Existen tres maneras de que usted puede tener acceso al cuestionario de asesoría.

SITIO WEB:

www.QualifyforLegalStatus.com *(en Ingles)*
www.CalificasParaPapeles.com *(en Español)* o;

TEXTO

Llame al **732 481-1082** y escriba *"Qualify"* para Inglés o *"Calificas"* para Español y responda a las preguntas, o;

LLAME por teléfono, para hablar con uno de nuestros amables representantes al **732 962-6176**

andres mejer law ... *Ayudando a inmigrantes .... una petición a la vez!*